Der Klang der Seele

Hildegard von Bingen

Der Klang der Seele

365 Lebensimpulse

benno

Bibliografische Information der Deutschen Nationalbibliothek
Die Deutsche Nationalbibliothek verzeichnet diese Publikation in der Deutschen Nationalbibliografie; detaillierte bibliografische Daten sind im Internet über http://dnb.d-nb.de abrufbar.

ISBN 978-3-7462-3463-2
Umschlagmotiv: ©Dumitru Andrei/Fotolia (Blätter)

ISBN 978-3-7462-3559-2
Umschlagmotiv: © Nejron Photo/Shutterstock (Blüte)

04159 Leipzig, Stammerstr. 11
Zusammengestellt von Volker Bauch
Umschlaggestaltung: Ulrike Vetter, Leipzig
Gesamtherstellung: Kontext, Lemsel (A)

So wie Gott die Geschöpfe
in den Menschen gezeichnet hat,
so hat er auch die Zeiten des Jahres
im Menschen vorausgedacht.

Die Eigenschaften des Sommers
zeigt er im wachsenden Menschen,
der Winter gleicht dem schlafenden Menschen,
denn der Winter verbirgt auch in sich,
was der Sommer voller Freude hervorbringt.

So wird auch der Mensch,
während er schläft,
durch den Schlaf gestärkt.
Dadurch wird er in seinen Kräften
zu jedem beliebigen Werk bereit gemacht.

Auch die Kräfte und Eigenschaften
der Monate hat er ihm eingeprägt.

1. Januar

Die Augen sind
die Fenster der Seele.

Tipp der heiligen Hildegard

In Wein gekochter Lavendel lindert Leber- und Lungenschmerzen und hilft bei Kurzatmigkeit.

2. Januar

Suche die stillen Orte,
damit deine Seele nicht den Mut
verliert.

Tipp
der heiligen
Hildegard

Beruhigend auf Leib
und Seele wirken Plätzchen, gebacken aus Muskat,
Zimt, Gewürznelken und
Feinmehl.

3. Januar

Der Himmel auf Erden ist überall, wo ein Mensch von Liebe zu Gott, zu seinen Mitmenschen und zu sich selbst erfüllt ist.

Tipp
der heiligen Hildegard

Dinkel als Basisdiätmittel hilft bei Kraftlosigkeit.

4. Januar

Gott hat alle Dinge der Welt
so eingerichtet,
dass eins auf das andere
Rücksicht nimmt.

Tipp
der heiligen Hildegard

Wer Zimt zu sich nimmt,
vermehrt die guten Säfte im
Körper.

5. Januar

Auf dieser Welt hat Gott
den Menschen mit allem umgeben
und gestärkt.

Tipp
der heiligen Hildegard

Wein mit Wasser dabei
sorgt für guten Schlaf und
Stressbewältigung.

6. Januar

Die ganze Natur sollte dem Menschen
zur Verfügung stehen,
auf dass er mit ihr wirke,
weil ja der Mensch ohne sie weder
leben noch bestehen kann.

Tipp der heiligen Hildegard

Ysop ist eine Gewürzempfehlung für Geflügel, Rind und Suppen.

7. Januar

Die Erde erscheint gleichsam als Blüte
der Schönheit und als Schmuck
der Ehre der Gotteskräfte,
indem sie den Menschen hervorbringt
und ernährt.

Tipp der heiligen Hildegard

Roggenbrot ist vor allem
bei Übergewicht gut.
Es kräftigt und vermindert
die Fettpolster.

8. Januar

Der Atem ist der lebendige Hauch
der Seele,
weil sie ihn trägt
und sein Schwingvermögen ist.

Tipp
der heiligen
Hildegard

Ringelblumen, in Wasser gekocht, ausgedrückt und auf den Bauch gelegt, lindern Magenschmerzen.

9. Januar

Aus der Liebe ist die Schöpfung
hervorgegangen,
denn die Liebe war das Allererste.

Tipp der heiligen Hildegard

Liebstöckel hilft bei Husten und Brustfell-entzündungen.

10. Januar

Durch die Seele werden alle Werke
des Menschen verwirklicht,
wie durch den Saft eines Baumes
alle Früchte gedeihen.

Tipp
der heiligen Hildegard

Salbeiblätter, gerollt in die Nase gesteckt, schützen vor Umweltgiften.

11. Januar

Wenn ich mit offenen Augen betrachte,
was du, mein Gott, geschaffen hast,
besitze ich hier schon den Himmel.

Tipp
der heiligen Hildegard

Beryll wirkt als Anhänger getragen beruhigend.

12. Januar

Alle himmlische Harmonie
ist ein Spiegel der Göttlichkeit,
und der Mensch ist ein Spiegel
aller Wunder Gottes.

Tipp
der heiligen Hildegard

Der Wein – maßvoll genossen – heilt und erfreut den Menschen zutiefst durch seine große Kraft und Wärme.

13. Januar

Die Seele macht den Leib lebendig.
Durch sie gedeiht der Mensch
in allen Phasen seines Lebens,
und sie hält ihn aufrecht.

Tipp der heiligen Hildegard

Die Melisse ist warm,
und ein Mensch, der sie
isst, lacht gern, weil ihre
Wärme die Milz berührt
und daher das Herz
erfreut wird.

14. Januar

Die Seele entstammt
der himmlischen Harmonie.
Sie selbst hat etwas
von dieser Musik in sich.

Weinessig ist als Zusatz
für alle Speisen gut, darf die-
sen aber nicht den Eigen-
geschmack nehmen.

15. Januar

Die Seele des Menschen trägt in sich
einen Wohlklang,
einen Zusammenklang, und sie ist
selber tönend und klingend.

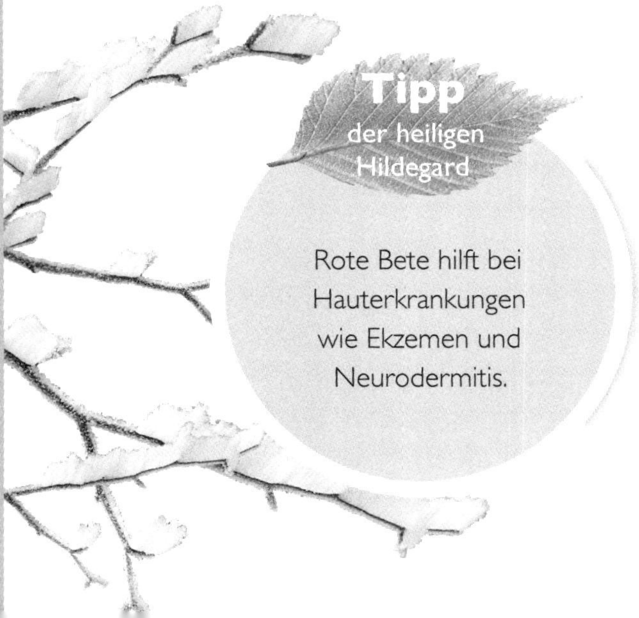

Tipp
der heiligen
Hildegard

Rote Bete hilft bei
Hauterkrankungen
wie Ekzemen und
Neurodermitis.

16. Januar

Engel haben keine Flügel wie die Vögel, sondern fliegen viele Male so schnell, in gleichem Maße wie die menschlichen Gedanken.

Tipp der heiligen Hildegard

Rohe Petersilie ist gesünder als gekochte.

17. Januar

Alle Geschöpfe haben etwas
Sichtbares und Unsichtbares.
Das Sichtbare ist schwach,
das Unsichtbare stark und lebendig.

Tipp der heiligen Hildegard

Olivenöl ist für Massagen bestens geeignet.

18. Januar

Gott hat den Menschen wie einen
überaus schönen Edelstein auf die
Erde gesetzt, in dessen Glanz
die gesamte Schöpfung sich betrachtet.

Tipp
der heiligen
Hildegard

Es wird empfohlen, einen
Saphir bei Gicht oder Rheuma in den Mund zu legen.

19. Januar

Liebe ist in allen Dingen,
gleichsam die Seele und das Auge.
In dieser Liebe schließt sich
der Lauf der Welt.
Liebe ist volle Möglichkeit des Guten …

Tipp
der heiligen
Hildegard

Eine wohltuende
Empfehlung sind Bäder in
Thermalwasser.

20. Januar

… Von der Seele geht die Kraft aus,
um den Leib zu beleben,
wie vom Wasser die Erde belebt wird.
Die Seele freut sich,
mit dem Leib zu wirken …

Bei Verbrennungen hilft das Auflegen eines kleinen Tuches, das vorher in Leinsamenwasser gekocht wurde.

21. Januar

… wie die Sonne
das Licht des Tages ist,
so ist auch die Seele
das Licht des wachsenden Körpers …

Tipp
der heiligen Hildegard

Möhren sind hervorragende Vitaminlieferanten.

22. Januar

… und wie der Mond
das Licht der Nacht ist,
so ist auch die Seele
das Licht des schlafenden Körpers.

Tipp der heiligen Hildegard

Als Schutz vor Kälte
sollten vor allem Kleidungs-
stücke aus Schafwolle
angezogen werden.

23. Januar

Wird der Mensch
in seinen Sinnen berührt,
so macht ihn das wachsam
in allen Dingen,
denn die Sinne wecken die Seelenkräfte,
weil der Leib das Gefäß der Seele ist.

Tipp
der heiligen Hildegard

Fenchel hilft gegen Bakterien in Magen und Darm.

24. Januar

Die Seele ist die grünende Kraft
im Leibe,
sie wirkt mittels des Leibes
und der Leib mittels der Seele.
Das ist der ganze Bestand
des Menschen.

Tipp
der heiligen Hildegard

Bei leichten Verbrennungen hilft, die Stelle in Leinsamenwasser zu tränken.

25. Januar

Durch ihre kraftvolle Art
will die Natur die gefrorene Jahreszeit
wachrütteln,
damit der Frühling kommen kann.

Tipp
der heiligen Hildegard

Beruhigend auf die Kopfhaut wirken Massagen mit Ringelblumentee.

26. Januar

Die Seele liebt in allen Dingen
das diskrete Maß.
Deshalb soll sich der Mensch
in allen Dingen
selbst das rechte Maß auferlegen.

Tipp
der heiligen Hildegard

Bekömmlicher ist es, erst am frühen Vormittag die erste Mahlzeit zu sich zu nehmen.

27. Januar

Drei Pfade hat der Mensch in sich,
in denen sich sein Leben tätigt:
die Seele, den Leib und die Sinne.

Tipp
der heiligen Hildegard

Heilende Tees kann man aus Brombeerblättern oder Fenchelsamen herstellen.

28. Januar

Da Gott dieses Werk vollendete,
übergab er dem Menschen die ganze
Schöpfung, damit er mit ihr wirken
könne, und zwar in der gleichen Weise,
wie Gott auch sein Werk,
den Menschen, gebildet hatte.

Tipp
der heiligen Hildegard

Gewürznelken helfen bei
Kopfschmerz.

29. Januar

Wir müssen auf die Stimme
unserer Seele hören,
wenn wir gesunden wollen.

Tipp der heiligen Hildegard

Wenn ein Mensch nüchtern ist, soll er zuerst die Speise, die aus Früchten und Mehl zubereitet ist, essen.

30. Januar

Die Erde ist die Fleischesmaterie
des Menschen.
Sie nährt ihn mit ihrem Saft
wie die Mutter ihre Kinder
mit der Milch.

Tipp der heiligen Hildegard

Für die Pflege des Zahnfleisches hilft eine Lauge aus Rebasche und Wein.

31. Januar

Nun höre du, o glücklicher Mensch:
Gott hat dich nicht geschaffen,
dass du ganz zugrunde gehst.
Schaue vielmehr eifrig auf ihn,
und du wirst in Ewigkeit leben.

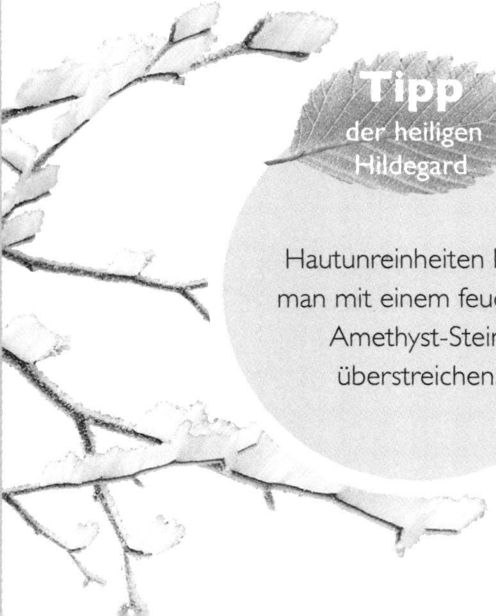

Tipp der heiligen Hildegard

Hautunreinheiten kann man mit einem feuchten Amethyst-Stein überstreichen.

1. Februar

Der zweite Monat ist in seinem Wesen nach reinigend und wird in den Augen versinnbildlicht.
Denn wenn die Augen wässrig, unrein und krank sind, reinigen sie sich bisweilen selbst.

Tipp
der heiligen Hildegard

Es sollte am Tage immer nur feste Mahlzeiten geben.

2. Februar

Die Seele im Menschen ist
wie der Saft im Baum …

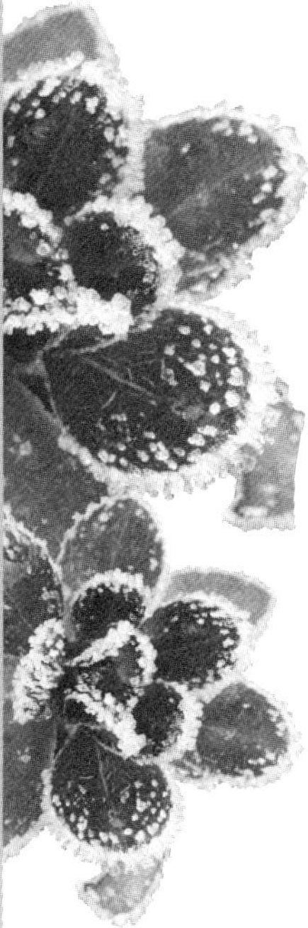

Tipp der heiligen Hildegard

Salbeitee ist hilfreich
bei rheumatischen
Beschwerden.

3. Februar

… Denn wie durch den Saft alle
Früchte des Baumes wachsen,
so werden auch durch die Seele
alle Werke des Menschen ausgeführt.

Tipp
der heiligen Hildegard

Fenchel, auch roh gegessen, trägt zur guten Verdauung bei.

4. Februar

Gleichsam wie das Weiß der Augen
ist das Wissen im Menschen.
In diesem Wissen blitzt der Verstand auf
wie die Klarheit der Sterne,
und die Vernünftigkeit
leuchtet an ihm wie ein Stern.

Tipp
der heiligen Hildegard

Ziegenfleisch ist für gesunde und kranke Menschen gut zu essen und stärkt den Magen.

5. Februar

Die Himmel sind erfüllt
vom Lobpreis
und mit jeder Art von Musik,
wegen der Wundertaten,
die Gott im Menschen wirkt.

Tipp
der heiligen Hildegard

Uneingeschränkt wird für
den Gebrauch in Küche
und Haushalt Mandelöl
empfohlen.

6. Februar

Der Vernunft gab Gott zwei Flügel:
Der rechte bedeutet die Erkenntnis
des Guten,
der linke die Erkenntnis des Bösen.

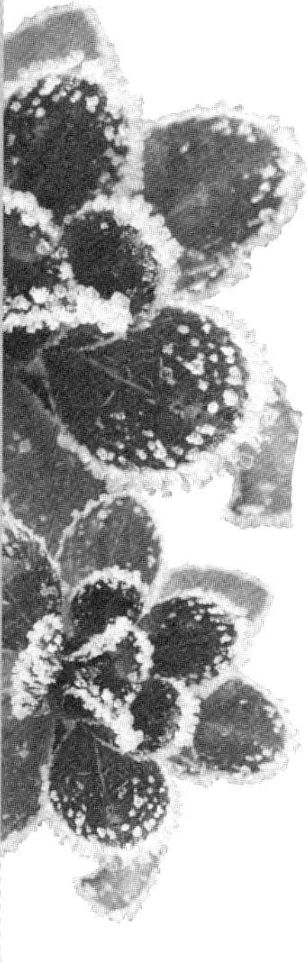

Tipp
der heiligen
Hildegard

Bei Hausausschlag hilft
Quendel entweder in
Fleisch oder Mus gekocht.

7. Februar

Gott hat den Menschen
nicht zu Elend und Qual geschaffen,
sondern zur Freude,
aber zu der Freude,
welche aus der christlichen
Weisheit und Tugend kommt.

Tipp
der heiligen Hildegard

Schafgarbe hilft bei inneren Wunden. Vor allem nach Operationen unterstützt sie die innere Heilung und wirkt wundstillend und krampflösend.

8. Februar

Das Herz hat die Eigenschaft
des Wissens,
die Leber des Gefühls,
die Lunge des Blattes …

Tipp
der heiligen Hildegard

Bei Fieber hilft, Brunnenkresse in einer Schüssel zu dünsten und warm zu essen.

9. Februar

… der Mund dient der Vernunft
als Weg,
ein Sprachrohr für das,
was der Mensch vorträgt.

Tipp
der heiligen Hildegard

Gekochter und eingedickter Süßholzwurzelsaft hilft bei Heiserkeit und Husten.

10. Februar

Die Erde ist der lebendige Aufenthalt
und das Haus der Seele.

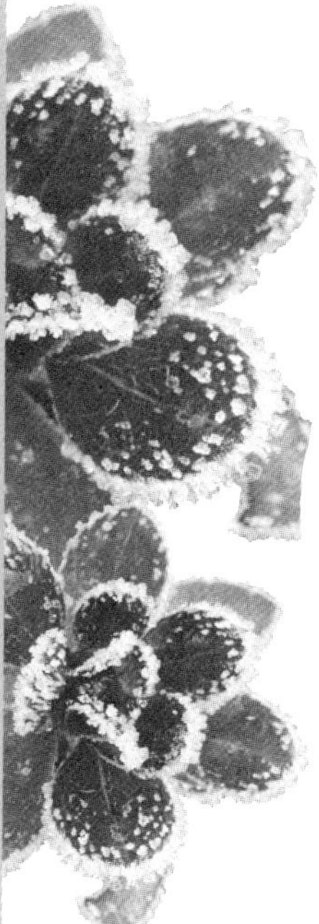

Tipp
der heiligen
Hildegard

Brombeerelixier hilft bei
Erkrankungen der
Mundschleimhaut sowie
Bronchitis.

11. Februar

Während der Körper ausruht,
lässt die Seele ihr Wissen,
gleichsam wie ihre Augen,
in den Träumen spielen,
und hält ringsum Ausschau.

Tipp
der heiligen Hildegard

Obst sollte zum Frühstück gemieden werden.

12. Februar

Wer Gottes Erbarmen nicht sucht,
findet es nicht,
wie auch der Quell nicht zu den
Menschen fließt,
die ihn nur kennen
und nicht zu ihm kommen wollen.

Tipp
der heiligen Hildegard

Quendel reinigt das
Fleisch des Körpers und
heilt es innerlich.

13. Februar

Alles, was durch die Weisheit
hervorgegangen ist,
lebt in ihr wie ein reiner
und einzig schöner Schmuck
und strahlt im lautersten Glanz
seines Wesens.

Tipp
der heiligen Hildegard

Fencheltee ist für eine
Fastenkur sehr gut geeignet.

14. Februar

Sei Sonne durch deine Lehre,
sei Mond durch deine Anpassungs-
fähigkeit,
sei Wind durch deine straffe Führung …

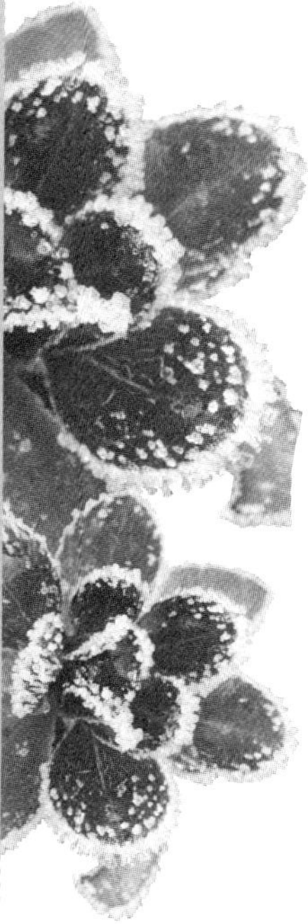

Tipp
der heiligen Hildegard

Schafgarbe wirkt
kräftigend auf den Kreislauf,
harntreibend und gallen-
treibend.

15. Februar

… sei Luft durch deine Milde,
sei wie ein Feuer
durch die schöne Rede
deiner Unterweisung.

Quendel hilft bei Ekzemen,
Ausschlag und Akne.

16. Februar

Mitten im Weltenbau
steht der Mensch.
Denn er ist bedeutender
als die übrigen Geschöpfe,
die abhängig von jener Weltstruktur
bleiben.

Tipp
der heiligen
Hildegard

Salbei, roh und gekocht,
hilft bei Magenschmerzen.

17. Februar

An Statur ist der Mensch
zwar klein,
an Kraft seiner Seele
jedoch gewaltig.

Tipp
der heiligen
Hildegard

Fenchel und auch Fenchelsamen täglich nüchtern gegessen, stärkt die Abwehrkräfte des Körpers.

18. Februar

Das erste Keimen eines gerechten Verlangens fliegt durch die Seele
wie der Wind,
der Geschmack des guten Willens
spielt in ihr wie die Luft …

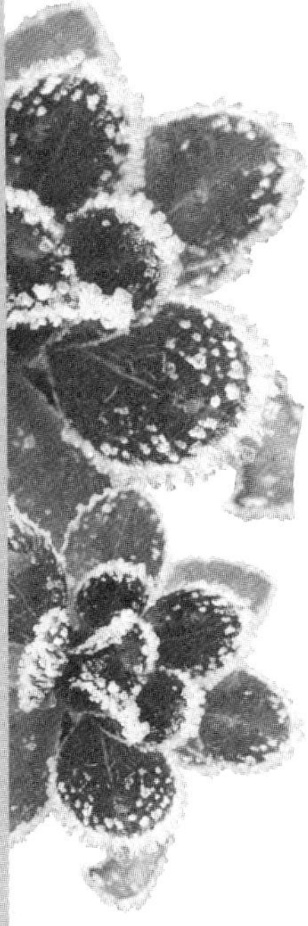

Tipp
der heiligen Hildegard

Es werden Kamillenblüten, Thymian oder Pfefferminze für heilende Tees empfohlen.

19. Februar

… Die Vollendung vollkommener
Werke grünt in ihr
wie die Grünheit der Welt,
die zu weiterer Reifung wächst.

Tipp
der heiligen
Hildegard

Käse mit Kümmel gewürzt
ist sehr bekömmlich.

20. Februar

Engel sind Lichtgeister der Sehnsucht, lebendige Lichtkreise von flammender Liebe.

Tipp der heiligen Hildegard

Bei Vergesslichkeit hilft, vor dem Schlafen die Brust mit einem Gemisch aus zerstampften Brennnesseln und Olivenöl einzureiben.

21. Februar

Die Erkenntnis, der Wille
und alle Seelenkräfte entsenden,
je nach ihrer Stärke,
ihren Hauch in einen Raum.
Sie alle werden in ihm erwärmt
und verschmelzen miteinander.

Tipp der heiligen Hildegard

Gelöschter Wein beseitigt
Schwarzgalle, die Ursache
von Traurigkeit oder Zorn.

22. Februar

Wenn man ein sehr kostbares Gefäß
sieht, kann man sich vorstellen,
dass auch etwas sehr Wertvolles darin
sein muss …

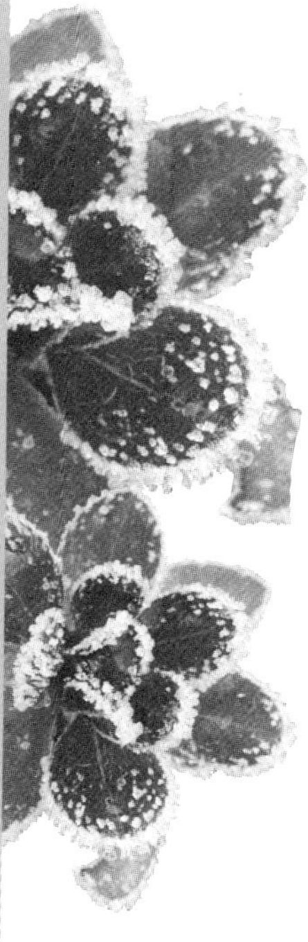

Tipp
der heiligen Hildegard

Ringelblumen, 5 Minuten in Wasser gekocht und danach abgeseiht, kann man sich auf den Bauch legen. Das hilft bei einem verdorbenen Magen.

23. Februar

… genauso erfährt man
durch die Sinneswahrnehmungen
etwas von den Seelenkräften
in einem Körper.

Bei einem Kater helfen
Fenchelkraut oder fette
Samen zu essen.

24. Februar

Jede Krankheit ist heilbar –
aber nicht jeder Patient.

Tipp
der heiligen
Hildegard

Fasten hilft, ein Gleichgewicht zwischen Körper und Seele herzustellen.

25. Februar

Du hast in dir
den Himmel und die Erde.

Tipp
der heiligen
Hildegard

Für ein heilendes Dampfbad kann man die grünen Zweige des Wacholders kochen.

26. Februar

Die Seele macht den Leib lebendig.
Sie ist es auch, die Speise und Trank
dem Körper zur Erquickung zuführt.

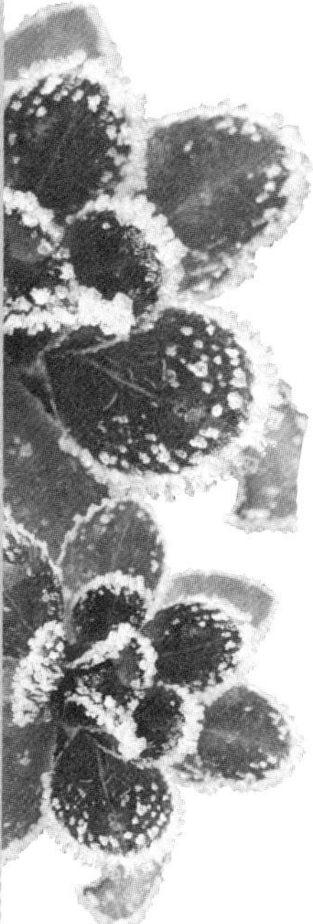

Tipp
der heiligen Hildegard

Ein Zypressenbad hilft bei
Kreislaufschwäche.

27. Februar

Als Gott sprach: „Es werde Licht“,
entstand das geistige Licht:
Das sind die Engel.

Tipp
der heiligen Hildegard

Für ein Zypressenbad werden die Blätter der Zypresse gekocht und danach in das heiße Wasser gegeben.

28. Februar

Die Gräslein können den Acker
nicht begreifen,
aus dem sie sprießen.

Tipp
der heiligen Hildegard

Bei Hildgegard
werden 3 Varianten des
Fastens unterschieden:
Fasten mit Dinkelobst und
Gemüse, Brotfasten
und Heilfasten.

29. Februar

Dein Geist gleicht einer Mauer,
an der wechselnde Wolken
vorüberziehen.

Tipp
der heiligen
Hildegard

Beim Fasten sollten
Tee und Kaffee ersetzt
werden durch Dinkelkaffee,
Fenchel- oder Kräutertee.

1. März

Der Mensch soll nicht versuchen,
den rechten Tugendweg
maßlos zu wandeln.

Tipp
der heiligen
Hildegard

Beim Fasten ist es wichtig,
dass der Magen nie leer ist.

2. März

Der Mensch sollte alle seine Werke
zunächst einmal
in seinem Herzen erwägen,
bevor er sie ausführt.

Tipp
der heiligen Hildegard

Man sollte sich immer die nötige Nahrung gönnen, strenge Enthaltsamkeit ist schädlich.

3. März

Wenn der Mensch immerfort in fleischlichen Genüssen leben würde, müsste die Seele vor lauter Hunger nach den Bedürfnissen ihrer geistigen Natur in ihren Kräften vergehen …

Tipp
der heiligen Hildegard

Wer unmäßig isst,
fastet auch unmäßig,
was nicht gut ist

4. März

… so wie auch jemand häufig an Leib
und Sinnen schwach wird,
der unausgesetzt in der feisten
Behaglichkeit seines Fleisches
dahinvegetiert.

Tipp
der heiligen Hildegard

Herzwein kann bei
Fastenkuren auch als Herz-
Kreislaufmittel gereicht
werden.

5. März

Wann auch immer der Körper
des Menschen ohne Diskretion isst
oder trinkt oder etwas anderes in
dieser Art verrichtet,
werden die Kräfte der Seele verletzt …

Tipp
der heiligen Hildegard

Beim Heilfasten wird der
Körper von Gift und
unreinen Stoffen gereinigt.

6. März

… weil alles nur mit guter Unterscheidung ausgeführt werden soll, da nun einmal der Mensch nicht ständig im Himmel weilen kann.

Tipp
der heiligen Hildegard

Als Fastenspeisen gelten
Obst, Dinkel und
gedünstetes Gemüse.

7. März

Freue dich, weil Gott dich liebt.
Durch die Krankheit, die dich beschwert,
läutert er deine Seele,
die er in sein Erbe führen will.

Tipp der heiligen Hildegard

Beim Fasten sollten eiweißreiche und fettreiche Speisen gemieden werden.

8. März

Ein Mensch, der einfach und
mäßig lebt,
hat Zeit und Muße,
seine Seele auf Höheres zu richten.

Tipp
der heiligen
Hildegard

Ein Dinkelfasten kann
4–6 Wochen dauern,
und man kann das Korn in
verschiedenen Formen zu
sich nehmen.

9. März

Wenn ein Mensch dem Sehnen der
Seele entsprechend wirkt,
geraten alle seine Werke gut.

Tipp
der heiligen Hildegard

Die Dinkelkur kann auch
mit gekochtem Gemüse und
Obst kombiniert werden.

10. März

Dein Herz werde von der reinen
Quelle benetzt,
damit du mit der Sonne leuchtest.

Tipp
der heiligen
Hildegard

Zwischen die Dinkelkost-
tage können Normalkost-
tage gelegt werden.

11. März

Die Seele ist das Firmament
des gesamten Organismus.
Indem sie den Leib
mit ihren Kräften durchdringt,
bewirkt sie
alles Handeln im Menschen.

Tipp der heiligen Hildegard

Vor der Fastenkur
sollten keine Fleisch-
und Käsespeisen gegessen
werden, ebenso wenig Fett
und kein Gebratenes.

12. März

Gott wohnt in deiner Seele,
wenn du ihn hereinlässt.

Tipp
der heiligen Hildegard

Beim Fasten sollte nach dem Aufstehen kaltes Wasser in den Mund genommen und solange gewartet werden, bis es sich erwärmt hat.

13. März

Das Begehren der Seele umgibt den Körper mit all seinen Gliederungen, indem es alles in ihm im rechten Maße in Bewegung versetzt …

Tipp
der heiligen Hildegard

Beim Fasten ist es wichtig, viel zu trinken und sich an der frischen Luft zu bewegen.

14. März

… auf das hin, was das Fleisch
im Fühlen und Schmecken verlangt,
wie auch der Baumeister sein Haus
den Menschen zur Wohnlichkeit richtig
zumisst …

Tipp
der heiligen Hildegard

Ingwerkekse helfen beim
Fasten zur Darmreinigung.

15. März

… Der Himmel auf Erden ist überall,
wo Menschen von Liebe zu Gott,
zu ihren Mitmenschen und sich selbst
erfüllt sind …

Tipp
der heiligen
Hildegard

Beim Fasten sollte man sich auch mit Massagen, Saunagängen und wohltuenden Bädern mit ätherischen Ölen verwöhnen.

16. März

… Sie haben die Leiber mehr geliebt
als die Seelen.
Diejenigen, die die Schlemmerei
des Bauches lieben,
schreien vielmals gegen Gott …

Tipp
der heiligen
Hildegard

Schwimmen wird als
Bewegungsmöglichkeit
empfohlen.

17. März

Von denen muss man sagen,
dass ihr Bauch ihr Gott ist.
Denn sie verwenden all ihre Aufmerksamkeit und ihre Sorgfalt auf das Füllen des Bauches.

Tipp der heiligen Hildegard

Jeder Morgen sollte von einer leichten Gymnastik begleitet sein.

18. März

Die gesamte Schöpfung,
die Gott in der Höhe
wie in der Tiefe gestaltet hat,
lenkte er zum Nutzen
des Menschen …

**Tipp
der heiligen
Hildegard**

Als beste Bewegung am
Tage ist Spazierengehen
geeignet.

19. März

… und wie die Geschöpfe dem Menschen für seine leiblichen Bedürfnisse
zu dienen haben,
so sind sie auch nicht weniger
zum Heil seiner Seele bestimmt.

Tipp
der heiligen Hildegard

Fasten ist nicht nur eine Reinigung des Körpers, sondern auch der Seele.

20. März

Der Sinn dieser Anweisung ist nicht,
dem Menschen Beschwerlichkeiten
aufzuladen,
sondern er soll immer nur Freude
empfinden.

Tipp
der heiligen Hildegard

Als Diätkur bei Rheuma
eignet sich Dill.

21. März

Gott will dich!
Doch du verschließt deine Augen
vor ihm.
Wenn du willens bist, zu ihm zu eilen,
wird er dir helfen.

Tipp
der heiligen Hildegard

Zum Mittag des Fastentages gibt es Fastensuppe aus Dinkelgrieß, Gemüse und Kräutern.

22. März

Der wechselhafte Mensch braucht
einen Halt,
er bedarf der Disziplin
und der straffen Lebensführung.

Tipp
der heiligen
Hildegard

Zur Abendspeise gibt es
am Fastentag Fencheltee
oder Apfelsaft.

23. März

Der Mensch hat von innen heraus
eine Heiterkeit,
weil er weise unterscheiden kann,
welche Dinge ihm für seine
Gesundheit zuträglich sind …

Tipp
der heiligen Hildegard

Bei Frühjahrsmüdigkeit hilft
Brunnenkressesaft.

24. März

In solchem Wissen kann der Mensch
diejenigen Dinge aussondern,
die gefährlich und unnütz sind,
und die guten und nützlichen
einsammeln.

Tipp der heiligen Hildegard

Junge Löwenzahnblätter im Salat haben blutreinigende Wirkung.

25. März

Die Freude am Essen ist die Grundlage
jeder Lebensfreude,
denn wer das Essen nicht
genießen kann,
ist meist auch selbst ungenießbar.

Tipp der heiligen Hildegard

Der Fastentee kann am Abend mit Honig oder Zimt verfeinert werden.

26. März

Blicke nur einmal auf zu Sonne und Mond und zu den Sternen; schau dir doch die ganze Pracht des irdischen Grünens und bedenke nur einmal, welches Glück Gott mit all den Dingen den Menschen schenkt.

Tipp der heiligen Hildegard

Positiv auf die Ernährung wirken sich harmonische Wechsel zwischen Ruhe und Aktivität aus.

27. März

Ein Mensch, der einfach und mäßig lebt,
hat Zeit und Muße,
seine Seele auf das Höhere zu richten …

Tipp
der heiligen Hildegard

Zur Entwässerung bei der Frühjahrskur wird gebeizter Rettich empfohlen.

28. März

… Es kommt die Ahnung von Gott,
der die Liebe ist, in sein Herz,
er wird mitfühlend mit der Schöpfung
und barmherzig mit
allen Schwachen und Notleidenden.

Tipp
der heiligen Hildegard

Beim Beenden des Fastens ist auf einen langsamen Übergang zur Vollkost zu achten.

29. März

Wenn der Sohn Gottes
nicht am Kreuze gelitten hätte,
würde er diese Finsternis
keinesfalls zulassen,
dass der Mensch zur himmlischen
Herrlichkeit gelangt.

Tipp der heiligen Hildegard

Birkenblättertee ist ein empfehlenswertes Frühlingsgetränk.

30. März

Und weil er Gott ist,
hat er die Liebe eines gütigen Vaters
zu seinen Kindern …

Tipp der heiligen Hildegard

Als Aufbaufrühstück
während des Fastens
dient ein gekochter Brei aus
Haferflocken, Wasser,
Galgant, Zimt, Bertram
und Honig.

31. März

… von solcher Art ist nämlich seine liebende Herzenszuneigung zu den Menschen, dass er seinen Sohn ans Kreuz schickte.

Tipp
der heiligen Hildegard

Nach dem Fasten wird
ein allmählicher Übergang in
den normalen Rhythmus
empfohlen.

1. April

Im April erwacht die Natur nach dem
eisigen Winter,
das erste Grün sprießt …

Tipp
der heiligen
Hildegard

Hühnereier sollten nur in Maßen gegessen werden.

2. April

… Auch der Mensch erhält die Grünkraft, welche die Natur mit sich bringt, aber nur dann, wenn er fest an Gott glaubt.

Tipp

der heiligen Hildegard

Junge Brennnesseln, frisch gekocht, reinigen den Magen.

3. April

Durch den vierten Monat, der grün ist,
Duft verbreitet und wie aus Furcht
dämmert,
wird die Nase bezeichnet …

Tipp
der heiligen
Hildegard

Bei Leber- und Lungen-
krankheit helfen
Mandelkerne ab.

4. April

… mit ihr zieht der Hauch der Seele
den Geruch von allem ein,
was der Mensch in Furcht auswählt,
und entlässt ihn wieder …

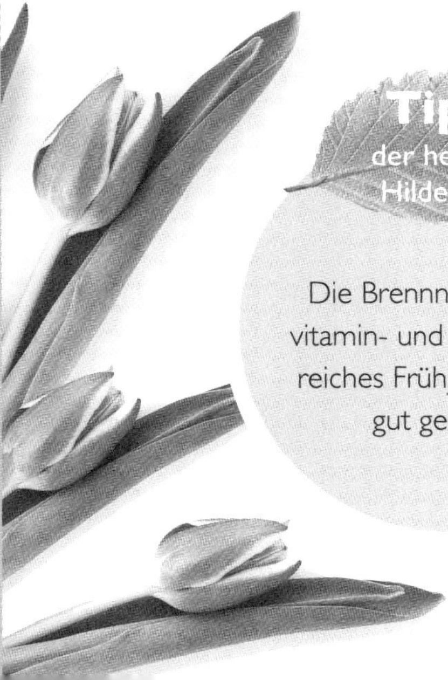

Tipp der heiligen Hildegard

Die Brennnessel ist für vitamin- und mineralstoffreiches Frühjahrsgemüse gut geeignet.

5. April

… Diesem Monat gleicht der Mensch,
der durch den Hauch der Vernunft
in seinem Wesen die Grünkraft
der guten Werke weise erwählt …

Tipp
der heiligen Hildegard

Herzwein (Petersilie in Wein mit Essig und Honig) vermindert Herzleiden und kann es auch ausheilen.

6. April

… In diesem Menschen gedeihen
alle Früchte,
und er bringt Wohlgeruch hervor …

Tipp
der heiligen
Hildegard

Ein hervorragendes Schlafmittel ist der Herzwein.

7. April

… denn mit dem süßesten Geruch wird der Ruf seiner Rechtschaffenheit und Nützlichkeit zum Lobe Gottes überall verbreitet.

Schwitzkuren mit heißen Steinen helfen vor allem bei übergewichtigen Menschen.

8. April

Ruhig sammle ich im Schoß
Rosen und Lilien und alles Grün,
während ich deine Werke preise.

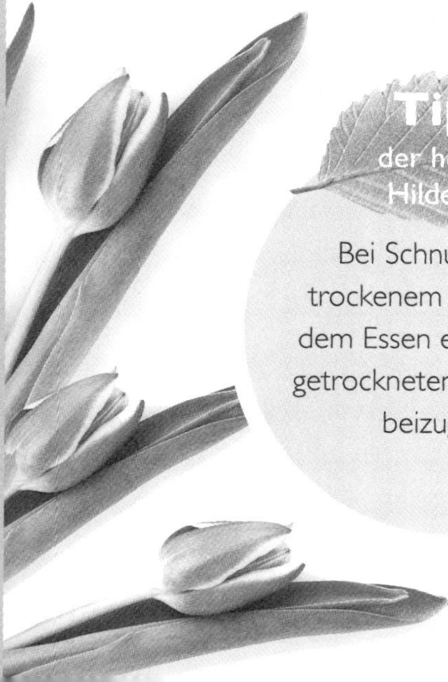

Tipp
der heiligen
Hildegard

Bei Schnupfen und trockenem Husten hilft, dem Essen ein Pulver aus getrockneten Farnblättern beizugeben.

9. April

Dir schreibe ich deine Werke zu.
Freude entspringt der Traurigkeit,
und die Freude macht mich glücklich.

Tipp
der heiligen Hildegard

Ein wirksames Mittel ist auch der Weihrauch bei Augenleiden, und er wirkt anregend auf den Geist.

10. April

Der Seele haftet eine Erfahrung
im Himmlischen wie im Irdischen an,
und die Vernunft,
die Himmlisches und Irdisches spürt,
ist ihr eingegossen.

Tipp der heiligen Hildegard

Liebstöckel kann zwischen März und Mai schon in Kästen ausgesät werden.

11. April

Durch das Wort, das der Lebensquell
selber ist,
kam die umarmende Mutterliebe
Gottes hernieder.
Sie nährte uns zum Leben.

Tipp
der heiligen Hildegard

Den Quendel kann man auch bei Hautallergien und Darmkrankheiten einsetzen.

12. April

Es ist wichtig,
einen kranken Körper zu stärken,
damit er dem Teufel und seinen
Gehilfen Widerstand leisten kann.

Tipp der heiligen Hildegard

Bei Erschöpfung, Arthrose und Verstopfung kann man Wermut in der Frühjahrskur einsetzen.

13. April

Nicht mit Drohworten
sollst du auf deine Untergebenen
einschlagen wie mit einer Keule.

Tipp
der heiligen
Hildegard

10 süße Mandeln am Tag
helfen bei Kopfschmerz und
stärken auch die Nerven.

14. April

Jedes Geschöpf ist mit einem anderen verbunden, und jedes Wesen wird durch ein anderes gehalten.

Tipp
der heiligen Hildegard

Wein- und Biergenuss in Maßen sind gesundheitsfördernd.

15. April

Salbe die Menschen mit Barmherzigkeit und Trost wie der Sohn Gottes!

Tipp
der heiligen Hildegard

Für die Förderung der Verdauung sollte beim Essen immer etwas getrunken werden.

16. April

Das Firmament ist der Thron
aller Schönheit,
wie auch der Mensch seinen Thron hat,
die Erde nämlich.

Tipp
der heiligen
Hildegard

Bei starker Erkältung hilft ein Tee aus 2 Teilen Fenchelsamen und einem Teil Brunnenkresse.

17. April

So fliegt der Mensch mit den beiden Flügeln der Vernunft,
nämlich der Erkenntnis des Guten und der Erkenntnis des Bösen …

Tipp
der heiligen
Hildegard

Bei Verdauungsstörungen sollte man Brunnenkresse in einer Schüssel dünsten und danach essen.

18. April

… Die Erkenntnis des Bösen dient dem Guten, das Gute wird durch die Erkenntnis des Bösen geschärft und geleitet, und so wird der Mensch weise durch die Erkenntnis.

Tipp der heiligen Hildegard

Der mit dem Ingwer verwandte Galgant hilft bei Schwindel und Schwäche gegen Viruskrankheiten.

19. April

Wenn der Mensch das Rechte ergreift,
verlässt er sich selbst,
kostet die Tugend und trinkt.
Er wird davon gestärkt,
wie die Adern eines Trinkenden
voll Wein werden.

Tipp der heiligen Hildegard

Bei eitrigen Augenentzündungen sollten die Augenlider mit Frankenwein bestrichen werden.

20. April

Der Mensch ist die Schatzkammer der Werke Gottes.

Rosenöl mindert Hautausschläge.

21. April

Was der Baum ist,
das ist die Seele im Körper,
und ihre Kräfte entfaltet sie
wie der Baum seine Gestalt …

Tipp
der heiligen
Hildegard

Bei Schlafstörungen
hilft eine Mischung aus
2 Teelöffeln Apfelessig und
1 Teelöffel Honig, die in
heißes Wasser einge-
rührt werden.

22. April

… Die Erkenntnis gleicht dem Grün
der Zweige und Blätter,
der Wille den Blüten …

Tipp
der heiligen Hildegard

Brennnesseln wirken harntreibend, appetit- und stoffwechselanregend.

23. April

… das Gemüt ist wie die zuerst hervorbrechende Knospe …

Tipp
der heiligen Hildegard

Nach einer längeren fiebrigen Krankheit wird empfohlen, einen Sardonyxring an den Finger zu stecken, damit es keinen Rückfall gibt.

24. April

… die Vernunft
wie die voll ausgereifte Frucht …

Tipp
der heiligen
Hildegard

Ein gutes Blutstärkungsmittel ist der Engelwurz.

25. April

… der Sinn endlich gleicht
der Ausdehnung des Baumes
in der Höhe und Breite …

Tipp
der heiligen
Hildegard

Es wird der rohe Verzehr
des Knoblauchs ausdrücklich
empfohlen.

26. April

… so ist die Seele der innere Halt
und die Trägerin des Leibes.

Tipp
der heiligen
Hildegard

Knoblauch hilft bei
Durchfall, Blähungen und
Verstopfung.

27. April

Die Augen, die gar vieles erblicken, weisen auf die Sterne des Firmaments hin, die überall leuchten.

Tipp
der heiligen Hildegard

Bertram (Estragon) trägt zur Linderung von Erschöpfungszuständen bei.

28. April

Wenn die Sonne ihre Strahlen verbirgt,
zieht auch die Welt ihre Freude zurück.

Tipp
der heiligen Hildegard

Melisse wirkt stimmungs-
aufhellend, krampflösend
und stärkt die Milz.

29. April

Der Barmherzigkeit Gottes
beugt sich in liebevollem Mitleiden
zu den Menschen.

Tipp
der heiligen Hildegard

Es wird der Verzehr von Wildschweinfleisch vor allem bei Kräfteverfall empfohlen.

30. April

Mische vielmehr die Worte der Gerechtigkeit mit Barmherzigkeit und salbe die Menschen mit Gottesfurcht.

Tipp der heiligen Hildegard

Gekochte Zwiebel ist für Menschen gut, die an Schüttelfrost leiden.

1. Mai

Der fünfte Monat ist lieblich, mild und herrlich durch alle Früchte der Erde, wie auch das Schmecken des Mundes süß und erfreulich ist …

Tipp der heiligen Hildegard

Für den Fischverzehr werden vor allem Zander, Hecht, Kabeljau und Rotauge empfohlen.

2. Mai

… durch den Geschmack
wird erkannt und festgestellt,
woran der Mensch sich in Freude
erquickt …

Tipp
der heiligen
Hildegard

Brennnesseln fördern die Blutbildung und helfen bei Durchfall.

3. Mai

So ist auch die Vernunft die Säule
und das Mark der fünf Sinne,
die durch sie erhalten und zum Wirken angeleitet werden, wie die Erde,
die vom Pflug umgeworfen ist,
im Keimen fruchtbar wird …

Tipp der heiligen Hildegard

Eine Salbe gegen Ausschlag kann man aus im Mai geernteten Blättern der Schwertlilie und Fett herstellen.

4. Mai

… Der fünfte Monat, der Mai,
hat den lieblichsten Duft der Blumen,
an denen sich die Herzen der
Menschen erfreuen, weil in ihm alle
Früchte der Erde hervorsprießen,
an denen sich der Mensch freut.

Tipp
der heiligen
Hildegard

Zypresse wirkt anregend
auf die Durchblutung.

5. Mai

Stimmt der Mensch bisweilen
mit den Sehnsüchten der Seele überein, dann brennt er ganz und gar
in der Liebe zu Gott …

Tipp
der heiligen Hildegard

Zweimal täglich aufgetragenes Wermutöl auf Brust und Rücken hilft gegen Husten.

6. Mai

… So fliegt er von Tag zu Tag
in der Heiterkeit ewiger Freude,
indem er sich im meditierenden
Glauben und in der Weisheit
der heiligen Schriften ergötzt …

Tipp
der heiligen Hildegard

Wenn man von Husten und Atemnot befallen ist, sollte man Butter essen, weil sie innerlich heilt und zur Entspannung beiträgt.

7. Mai

… Der Mensch, der in diesem Monat
geboren wurde,
hat von Natur aus viel Freude
mitbekommen,
ihm fehlen Kälte und Starrsinn.

Tipp
der heiligen Hildegard

Für das Behandeln von
Warzen hilft das Bestreichen
mit Löwenzahnmilch.

8. Mai

Der Mensch muss sich aber hüten, durch zu viel Arbeit seinen Leib zu töten.

Tipp
der heiligen Hildegard

Brennnessel, zerstampft und mit Olivenöl genässt, wird eingerieben und stärkt die Nerven und hilft bei Vergesslichkeit.

9. Mai

Die Schöpfung schaut
auf ihren Schöpfer
wie die Geliebte auf den Geliebten.

Tipp
der heiligen
Hildegard

Meerrettich hilft gegen
Viren, Bakterien und Pilze.

10. Mai

Jeder Mensch hat einen Urtrieb
nach liebender Umarmung.

Tipp
der heiligen
Hildegard

Aussaaten bei zunehmendem Mond haben einen wesentlich höheren Ertrag als Pflanzen, die bei abnehmendem Mond gesät wurden.

11. Mai

Die Freude ist
das vitalste Lebenselement.

Tipp
der heiligen Hildegard

Ab Mitte Mai kann man
Liebstöckel ins freie Beet
pflanzen.

12. Mai

Kein Baum grünt
ohne Kraft zum Grünen …

Tipp
der heiligen Hildegard

Bei Magenbeschwerden
ist ein halber Teelöffel Süß-
holzwurzelpulver hilfreich.

13. Mai

Kein Stein entbehrt
die grüne Feuchtigkeit …

Tipp der heiligen Hildegard

Bei der Pflege von Gewürzkräutern ist darauf zu achten, dass faule Pflanzen weggeworfen werden, um gesunde kräftig wachsen zu lassen.

14. Mai

Kein Geschöpf
ist ohne diese Eigenschaften.

Tipp der heiligen Hildegard

Für die Zubereitung von Salben und Medizin sollen die Kräuter bei zunehmendem Mond geschnitten werden.

15. Mai

… Die lebendige Ewigkeit ist nicht ohne diese Kraft zum Grünen.

Tipp
der heiligen Hildegard

Magen- und Darmkrämpfe lassen sich mit Galgant behandeln.

16. Mai

Maria, du in der Grünkraft
stehender Zweig, o sei gegrüßt!

Tipp der heiligen Hildegard

Wermut-Heilsaft besteht aus dem Saft zerstoßener Wermutpflanzen und mit Honig gekochtem Wein.

17. Mai

Es kam die Zeit, dass du, Maria,
in deinen Zweigen blühtest,
gegrüßt seist du, da der Sonne Glut
aus dir strömt wie Balsamduft …

Wermut-Heilsaft sollte
man von Mai bis Oktober
jeden dritten Tag trinken.

18. Mai

… denn in dir erblüht die schöne Blume, sie schenkte ihren Duft all den Gewürzen, die da dürre waren …

Tipp
der heiligen Hildegard

Salatblätter sollten vor dem Essen mit Dill und Essig gebeizt werden.

19. Mai

… da prangten sie alle in sattem Grün.
Die Himmel schenkten Tau dem Gras,
die ganze Erde war erfreut.

Tipp
der heiligen Hildegard

Gegen die Trockenheit der Haut helfen Aufgüsse aus Kräutern wie Wiesenklee und Brennnessel.

20. Mai

Gott verhält sich wie ein
kunstfertiger Handwerker.
Der sein glühendes Werkstück
unter dem Blasebalg erprobt …

Füllknospen (in Öl eingelegte Knospen vom Apfelbaum) helfen bei Migräne und Milzschwäche.

21. Mai

… Der es kehrt und wendet,
bis es ganz vollkommen ist …

Tipp
der heiligen
Hildegard

Liebstöckel kann man
auch zur Würze von Suppen
und Fischgerichten
empfehlen.

22. Mai

… In dir und durch dich
leben sie alle …

Liebstöckel kann zwischen März und Mai schon in Kästen ausgesät werden.

23. Mai

… durch deine Liebe
ist alles geschaffen.

Tipp
der heiligen Hildegard

Fenchel- und Hagebuttentee kann über einen längeren Zeitraum als Heilmittel getrunken werden.

24. Mai

Der Mensch begreift,
dass alles von Gott erschaffen wurde;
mit diesem Wissen
dankt und preist er ihn …

Tipp der heiligen Hildegard

Andere Teesorten können nur über einen begrenzten Zeitraum getrunken werden.

25. Mai

… Die Blumen mit ihren Blüten schenken anderen Blumen den Duft …

Bei Verstopfung und Verdauungsschwäche ist Melde hilfreich.

26. Mai

… jeder Teil der Schöpfung zeigt
durch seinen Zusammenhang
eine Art von liebender Umarmung …

Tipp
der heiligen
Hildegard

Zahnschmerzen lassen
sich mit Melisse lindern.

27. Mai

Ich aber bin in Luft und Tau
und in aller Grünkraft
ein äußerst mildes Heilkraut …

Als Zugabe zu Kräuter-
quark und Nachspeise ist
Melisse zu empfehlen.

28. Mai

… Mein Herz ist ganz erfüllt,
jeder und jedem Hilfe anzubieten.

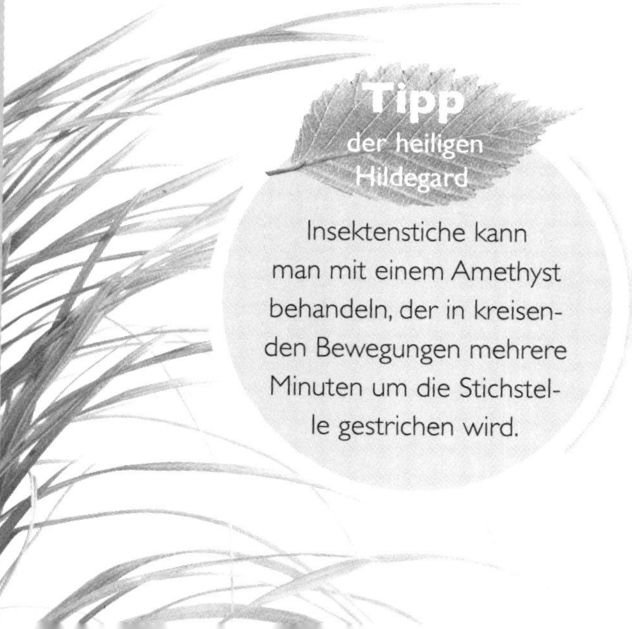

Tipp der heiligen Hildegard

Insektenstiche kann man mit einem Amethyst behandeln, der in kreisenden Bewegungen mehrere Minuten um die Stichstelle gestrichen wird.

29. Mai

Mit liebenden Augen berücksichtige ich
alle Lebenserfordernisse
und fühle mich ihnen allen
verbunden …

Tipp
der heiligen
Hildegard

Für gute Verdauung und
Durchblutung sorgt Fenchel.

30. Mai

… allen Gebrechlichen bringe ich
die Genesung wieder.
So bin ich eine Salbe der Schmerzen.

Tipp
der heiligen
Hildegard

Als Medizin bei Fieber,
Depression und Herz-
schmerzen ist die Petersilie
zu empfehlen.

31. Mai

Dein Schöpfer hat dir den besten
Schatz gegeben,
einen lebendigen Schatz:
deinen Verstand.

Tipp
der heiligen Hildegard

Bei Wetterfühligkeit wird Sivesanpulver, ein Fenchelmischpulver, empfohlen.

1. Juni

Die Liebe
hat den Menschen erschaffen,
die Demut hat ihn erlöst.

Tipp der heiligen Hildegard

Gemüse sollte immer gedünstet oder gedämpft gegessen werden. Rohkost ist eher schwer verdaulich.

2. Juni

Der sechste Monat ist mit seiner Hitze recht trocken und mildert diese durch den Lufthauch, der die Früchte zur Reife bringt.
Aber er schüttet auch manchmal gewaltige Wassermassen aus …

Als Universalheilmittel gilt Birnhonig.

3. Juni

… Dadurch wird auf die Schultern des Menschen hingewiesen,
die in ihrer Wärme ebenfalls trocken sind, die jede Arbeit unterstützen und so den ganzen Körper erhalten …

Tipp
der heiligen
Hildegard

Zur Verschönerung der Haut wird ein Amethystbad empfohlen.

4. Juni

… Zuweilen suchen sie dennoch die
Ruhe anstelle der Arbeit,
wie ein Vogel aus Ermüdung seine
Flügel im Gleitflug sich erholen lässt
und wie die Wurzel ihre Zweige hält …

Tipp der heiligen Hildegard

Rosen lassen sich gut zu Salben verarbeiten.

5. Juni

… Die Schultern, die alle Eingeweide und die anderen Organe des Menschen und damit den ganzen Organismus tragen, haben eine beachtenswerte Ähnlichkeit mit dem Gehör, welches der Anfang der Seele ist …

Tipp
der heiligen Hildegard

Bei Kopfschmerz und Ohrensausen hilft Gundelrebensaft.

6. Juni

… Der zweite Sinn, das Hören,
erscheint sozusagen wie ein gewisses
Flügelchen der Vernünftigkeit,
um die Worte zu verstehen,
die es aufnimmt …

Tipp
der heiligen Hildegard

Für ein Rosenbad benötigt man 50-100g Rosenblütenblätter, die, in einem kleinen Tuch gewickelt, unter den Wassereinlauf gelegt werden.

7. Juni

… In dem die Ohren den Klang
eines jeden Geschöpfes aufnehmen,
kann jedes Ding erkannt werden …

Tipp
der heiligen
Hildegard

Bei Sonnenbrand kann
man sich eine Kompresse
mit Leinensamen auflegen.

8. Juni

Und Gott schuf für die Liebe
des Mannes eine Gestalt,
und so ist die Frau
die Liebe des Mannes.

Tipp
der heiligen Hildegard

Rohe Kirschen sollte man immer mit einem Schluck Wein verzehren.

9. Juni

Sinn der Regeln ist es nicht, den Menschen Beschwerlichkeiten spüren zu lassen, vielmehr soll er immer nur Freude empfinden.

Tipp
der heiligen Hildegard

Im Sommer sollten immer mäßig warme Speisen gegessen werden.

10. Juni

Der wechselhafte Mensch
braucht Halt und Regeln.

Tipp
der heiligen
Hildegard

Knoblauch sollte nicht
lange gelagert werden,
da sonst seine Wirkung
verloren geht.

11. Juni

Alles Gehorchen der Kreatur war nur ein Verlangen nach dem Kusse des Schöpfers …

Tipp
der heiligen Hildegard

Bei Schnupfen hilft ein Jaspisstein, den man in die Nasenlöcher steckt und vorher angehaucht hat.

12. Juni

… und alle Welt empfing
den Kuss ihres Schöpfers,
da Gott ihr alles schenkte,
was sie brauchte …

Tipp
der heiligen
Hildegard

Andorn hilft bei Husten,
Hals- und Ohrenschmerzen.

13. Juni

Du hast Augen,
damit du sehen kannst
und alles ringsum
überschauen kannst …

Tipp
der heiligen Hildegard

In Suppen und Soßen kann man Basilikum beigeben. Es eignet sich auch als Pesto zu Gemüse, Fisch- und Wildgerichten.

14. Juni

Wo du Schmutz siehst,
wasche ihn ab,
was dörr ist, lass grün werden.

Tipp
der heiligen
Hildegard

Brunnenkresse kann man
Salaten, Milchmixgetränken,
Kräuterquark beigeben.

15. Juni

Beim Hören eines Liedes
pflegt der Mensch manchmal
tief zu atmen und zu seufzen …

Tipp
der heiligen Hildegard

Bei Schnupfen im Anfangsstadium ist eine Weihrauchinhalation anzuraten.

16. Juni

… Das erinnert uns daran,
dass die Seele der himmlischen
Harmonie entstammt …

Tipp
der heiligen Hildegard

In der Küche kann man Dill Fischgerichten, Salaten und Kräuterquark beigeben.

17. Juni

… Im Gedenken daran werden wir uns bewusst, dass die Seele selbst etwas von dieser Musik in sich hat.

Tipp der heiligen Hildegard

Bei Appetitlosigkeit wirkt Kerbel. Kerbel kann auch Kräuterquark, Salaten und Suppen beigegeben werden.

18. Juni

Hüte dich, o Mensch,
höher emporzusteigen,
als deine Kraft dich zu tragen vermag.

Tipp
der heiligen Hildegard

Für Lammgerichte, in Kräuterquark oder auch als Tee ist Krauseminze zu empfehlen.

19. Juni

Der Mensch sollte schauen
den Anfang der Sonne und
den Niedergang der Gestirne,
die Gott an den Himmel setzte …

Tipp
der heiligen Hildegard

Die Erdbeere zählt zu den Küchengiften.

20. Juni

… die Winde in den Lüften
und die Erde mit ihren Wassern,
sowie die übrige Natur, die Gott
ganz und gar um des Menschen willen
geschaffen hat …

Tipp
der heiligen Hildegard

Liebstöckel kann man
auch zur Würze von Suppen
und Fischgerichten
empfehlen.

21. Juni

… damit er in all dem erkennen möge,
zu welch großer Auszeichnung
er geschaffen sei.

Tipp
der heiligen Hildegard

Dünnbier ist hilfreich bei Hausausschlag und Bindegewebsschwäche.

22. Juni

Von den heiligen Schriften wird er wie von einer schmackhaften Speise unsichtbar genährt und gekräftigt.

Tipp der heiligen Hildegard

Zum Verfeinern von Eintöpfen und Soßen eignen sich die jungen Blätter und weichen Triebe des Lavendels.

23. Juni

Du führst meinen Geist ins Weite,
wehest Weisheit ins Leben
und mit der Weisheit die Freude.

Tipp
der heiligen
Hildegard

Gerötete Haut kann man
mit gewärmten Birken-
knospen vertreiben.

24. Juni

Jedwede Kreatur hat einen Urtrieb nach liebender Umarmung.

Die Esskastanie hilft bei Gicht, Kopf- und Magenschmerzen.

25. Juni

Ich habe alles in mir,
wodurch ich wirken kann.

Tipp
der heiligen
Hildegard

Im Kiefersaft ist ein guter
Zusatz für Augensalben.

26. Juni

Wenn du willens bist,
zu Gott zu eilen, wird er dir helfen.

Tipp der heiligen Hildegard

Im Sommer wird das Auflegen frischer Lindenblätter auf die Augen empfohlen.

27. Juni

Durch den Lebensquell des Wortes
kam die umarmende Mutterliebe
Gottes zu uns …

Tipp
der heiligen Hildegard

Der Duft des Lavendels
macht die Augen klar.

28. Juni

Sie ist die Nahrung für unser Leben,
steht uns in Gefahren bei
und führt uns als zarte, tiefe Liebe
zur Umkehr.

Tipp
der heiligen Hildegard

Thymian wird allgemein
gegen Hauterkrankungen
empfohlen.

29. Juni

Wie das Feuer die Flamme
in sich trägt,
ist es für die Kräfte eines
vernunftbegabten Mannes notwendig,
ein Werk vor sich zu haben.

Tipp
der heiligen
Hildegard

Vorbeugend gegen grippale Infekte kann man Meerrettich anwenden.

30. Juni

Die Seele des Menschen trägt in sich
eine Symphonie,
und ein symphonischer Klang geht
von ihr aus.

Bei Migräne wird Alant
empfohlen.

1. Juli

Der siebente Monat hat durch die sengende Sonne gewaltigste Kräfte …

Das Fleisch des Schafes wird vor allem für das Essen im Sommer empfohlen, weil die Hitze es wärmt.

2. Juli

… Er macht die Früchte der Erde reif und trocken …

Tipp
der heiligen Hildegard

Getrocknete und jung geerntete Brennnesseln sind für Teekuren hervorragend geeignet.

3. Juli

… und er ist ausdörrend
durch die Stürme der Trockenheit,
die mit Regen wechseln …

Tipp
der heiligen
Hildegard

Korn, bei zunehmendem Mond geschnitten, liefert mehr Mehl als bei abnehmendem Mond.

4. Juli

… Genau so sind die Beugen der Arme stark durch die Schulterblätter und durch die Hände, mit denen der Mensch alles Notwendige zusammenliest …

Wenn der Magen verdorben ist, hilft Edelkastanienmus.

5. Juli

… Des Menschen Seele aber,
dieser Geisthauch aus Gott,
hat einen ausdörrenden Reiseweg
hinter sich …

Tipp
der heiligen Hildegard

Von Sellerie als Rohkost
wird abgeraten.

6. Juli

… wie auch die göttliche Weisheit auf einem ausdörrenden Reiseweg den Kreis des Himmels umlief …

Tipp der heiligen Hildegard

Zur Massage schmerzender Stellen kann man Kamille oder Rosmarin mit Olivenöl verdünnt verwenden.

7. Juli

… Mit seiner Weisheit beginnt der Mensch seine Werke kraft der sieben Gaben des Heiligen Geistes, und mit Hilfe seiner fünf Sinne vollendet er sie …

Tipp der heiligen Hildegard

Bei Krankheit sollte der Verzehr von Nachtschattengewächsen vermieden werden.

8. Juli

… So ist auch der siebente Monat
nützlich für alle Früchte der Erde.
Wenn die Werke des Menschen
ehrenhaft sind,
sind sie wie reife Früchte …

Vom Verzehr von
Schweinefleisch rät
Hildegard ab.

9. Juli

… aber wie vertrocknete Früchte
sind sie,
wenn sie Verwirrung stiften.

Tipp
der heiligen Hildegard

Bei Starerkrankungen hilft das Berühren der Hornhaut mit einem feuchten Lapis-Stein.

10. Juli

Du kannst dich nicht
damit entschuldigen,
dass du nicht weißt,
wann du gut und böse handelst.

Tipp
der heiligen Hildegard

Ein erwärmtes Leinsäckchen mit Salz gefüllt hilft bei Nasenhöhlenentzündungen, wenn man es auf die Stirn legt.

11. Juli

Des Menschen Heimat ist Gott,
und dem Geheimnis von Gottes Liebe
verdankt er seine Entstehung …

Tipp der heiligen Hildegard

Der Verzehr von Kichererbsen neutralisiert die Gallensäure und wirkt bekömmlich.

12. Juli

… Der Mensch ist ein Bild Gottes
und ein Partner aller Kreaturen
der Welt.
So war Gottes Plan von Anfang an.

Tipp
der heiligen Hildegard

Weinessig in geringen Mengen eignet sich für alle Speisen.

13. Juli

Daher soll kein Mensch,
der etwas Gutes erreichen will,
sich selbst sein Verderben vorhalten …

Tipp
der heiligen Hildegard

Der Verzehr von Bachforellen wird gesunden Menschen empfohlen. Kranke Menschen sollten sie eher meiden.

14. Juli

Ist Gott doch das höchste Gut und
lässt keine gute Tat ohne ihren Lohn.

Tipp
der heiligen
Hildegard

Buchsbaumsaft mit
Olivenöl gemischt hilft bei
Hautausschlag.

15. Juli

Die Seele ist wie ein Wind,
der über die Kräuter weht, wie der Tau,
der auf die Wiesen träufelt,
wie die Regenluft,
die wachsen macht …

Tipp
der heiligen
Hildegard

Eibisch als Salbe hilft bei
Kopfschmerzen.

16. Juli

… Desgleichen ströme der Mensch
ein Wohlwollen aus auf alle,
die da Sehnsucht tragen …

Tipp der heiligen Hildegard

Der Saft der Wurzel von Lilien wird zur Behandlung von Hautausschlägen empfohlen.

17. Juli

… Ein Wind sei er,
der den Elenden hilft,
ein Tau, der die Verlassenen tröstet …

Tipp
der heiligen Hildegard

Für Augenkompressen werden Malvenblätter empfohlen.

18. Juli

... er sei wie die Regenluft,
die die Ermatteten aufrichtet und sie
mit Liebe erfüllt wie Hungernde.

Bei Problemen mit der
Kopfhaut wird die Behand-
lung mit Ringelblumenzusatz
zum Haarwaschmittel
empfohlen.

19. Juli

Du hast sehr viel Einsicht in dir,
es wird aber auch viel Verständnis
von dir verlangt werden …

Tipp
der heiligen
Hildegard

Der Rose werden gute
Heilkräfte zugesprochen
und als Zusatz zu Salben
empfohlen.

20. Juli

… Viel ist dir geschenkt,
viel wird auch von dir gefordert …

Tipp
der heiligen
Hildegard

Bei geröteten Augen wird
das morgendliche Auflegen
von Rosenblättern
empfohlen.

21. Juli

Doch bei all dem bin ich, dein Gott,
das Wichtigste und deine Hilfe …

Tipp der heiligen Hildegard

Als Mittel gegen Akne und Pickel ist das Auflegen von Rosenblättern empfehlenswert.

22. Juli

… Denn wenn du,
von himmlischer Berührung angerührt,
mich anrufst,
wirst du Antwort von mir vernehmen.
Klopfst du an die Tür, wird dir geöffnet.

Tipp der heiligen Hildegard

Für die abendliche Pflege der Haut wird Olivenöl mit Veilchen empfohlen.

23. Juli

Die Seele ist im Leib wie der Saft im Baum, und ihre Kräfte sind gewissermaßen die Gestalt des Baumes …

Tipp der heiligen Hildegard

Kornelkirschen werden für die Magenstärkung empfohlen.

24. Juli

Der Verstand ist in der Seele
wie das Grün der Zweige
und Blätter am Baum,
der Wille ist wie seine Blüten …

Tipp
der heiligen Hildegard

Der Genuss einer
Muskatnuss öffnet das Herz
und reinigt die Sinne.

25. Juli

Der Geist ist wie die erste Frucht,
die er treibt,
die Vernunft wie seine
ausgereifte Frucht …

Tipp
der heiligen
Hildegard

Salat sollte nie ohne eine
Marinade gegessen werden.

26. Juli

Die Sinne wie seine Höhe
und die Weite seiner
ausgespannten Äste …

Tipp
der heiligen Hildegard

Bei Gicht hilft der Verzehr
von Sellerie.

27. Juli

So wird auch der Leib des Menschen von der Seele gefestigt und getragen.

Tipp
der heiligen Hildegard

Bei leichten Verbrennungen reicht es, die Stelle mit Leinenwasser zu beträufeln.

28. Juli

Der Körper ist an keiner Stelle
ohne Seele,
weil sie mit ihrer eigenen Wärme
den ganzen Körper durchströmt.

Gekochte Quitte hilft bei
Hauterkrankungen.

29. Juli

Kein Mensch würde seine Zither so schlagen, dass ihre Saiten springen.

Tipp der heiligen Hildegard

Brunnenkresse sollte immer der Gartenkresse vorgezogen werden.

30. Juli

Die Seele ist wie Feuer,
der Leib wie Wasser.
Und beide haben zusammen
ihren Bestand.
So ist der Mensch Gottes Werk
und Wirklichkeit.

Tipp
der heiligen Hildegard

Ingwerwurzel in Wein
eingelegt hilft speziell bei
Augenleiden.

31. Juli

Glauben könnten wir niemals besitzen,
wenn wir nicht zuerst
Gott von Herzen liebten.

Tipp der heiligen Hildegard

Nach dem Genuss von gegrilltem Fleisch oder Fisch ist Fenchelpulver mit Wein gemischt angeraten.

1. August

Der achte Monat gleicht in seinen Kräften einem mächtigen Fürsten, der in seiner vollen Kraft steht und alles ausfüllt …

Tipp der heiligen Hildegard

Stimmkräuterwein (eine Mischung aus Königskerze, Fenchel und Weißwein) ist bei Heiserkeit hilfreich.

2. August

… Sein besonderes Wesensmerkmal ist die Freude, aber durch die Hitze der Sonne ist er auch segnend, obwohl sein Tau von einer gewissen Frische ist.

Tipp der heiligen Hildegard

Als Verbandsmittel eignen sich Tücher aus Hanf.

3. August

Wie die Elemente die Welt zusammenhalten, so sorgen sie auch für den Zusammenhalt des menschlichen Körpers.

Tipp der heiligen Hildegard

Eine angenehme Heilung bei Magenbeschwerden verspricht Muskatellersalbei.

4. August

Es steht die ganze Natur
den Menschen zu Diensten,
und in diesem Liebesdienst
legt sie ihm freudig ihre Güter
ans Herz.

Tipp
der heiligen
Hildegard

Als Appetitanreger gilt
Kräuteressig als Würze.

5. August

Der Mensch soll
seinem Leib immer
die nötige Nahrung vergönnen.

Bei Atemnot hilft ein mit
Zimt bestreutes Stück Brot.

6. August

Die göttliche Liebe spricht:
Ich bin der lebendige Hauch
im Menschen …

Tipp der heiligen Hildegard

Frische Weinrauteblätter sind hilfreich beim Verdauen schwerer Speisen.

7. August

… Ich bin es,
die diesem Zelte Wachstum gibt und
es in allen seinen Bewegungen trägt …

Tipp
der heiligen Hildegard

Bei der Behandlung von
Steinen im Körper hilft
Diptampulver.

8. August

Und wie die Macht Gottes überall hineilt und alles umkreist und ihr kein Hindernis entgegensteht …

Tipp der heiligen Hildegard

Eine Salbe mit Schöllkraut hilft bei Hautausschlägen.

9. August

... So besitzt auch die menschliche
Vernünftigkeit die große Kraft,
mit lebendigen Stimmen
zu erschallen ...

Tipp
der heiligen
Hildegard

Melisse sollte als Beigabe
für Quark oder Salat immer
sparsam dosiert sein.

10. August

… und mit einer Melodie
die erschlafften Seelen
zum Aufwachen bringen.

Tipp
der heiligen
Hildegard

Bertramwurzelpulver
hilft bei Zahnschmerz und
Lungenleiden.

11. August

Wo der menschliche Zweifel nicht ist,
da ist nicht die Antwort
des Heiligen Geistes.

Tipp
der heiligen Hildegard

Haferprodukte sind dem allgemeinen Wohlbefinden zuträglich.

12. August

So hält die Seele ihren Leib
voller Liebe …

Tipp
der heiligen Hildegard

Einreiben mit Wegerich-
saft hilft bei Insektenstichen.

13. August

… wie es auch zwischen
Mann und Frau sein soll,
die das Band der Liebe
unzertrennlich zusammenhält.

Tipp
der heiligen Hildegard

Gelber Enzian als Speisenzugabe stärkt das Herz.

14. August

Gott der Allmächtige hatte dem Menschen den Vorzug eingeräumt, an der Schöpfung zu wirken …

Tipp der heiligen Hildegard

Zimt enthält ätherische Öle und hat heilende Wirkung.

15. August

… Einzig der Mensch geht aufrecht einher und blickt mit seinem Antlitz empor zum Himmel …

Tipp der heiligen Hildegard

Bei Sehbeschwerden wird das lange Betrachten von grüner Natur empfohlen.

16. August

Die Seele spricht:
Ich bin berufen, die Gefährtin der Engel zu sein, weil ich der lebendige Hauch bin, den Gott in den trockenen Lehm entsandte.

Tipp
der heiligen Hildegard

Aronstabwein mindert die Melancholie und hilft bei depressiver Verstimmung.

17. August

Die Spottsucht ist voll
der Gottvergessenheit.
Mit ihrem Lügengebäude versucht sie,
die Wahrheit in Stücke zu reißen.

Tipp
der heiligen Hildegard

Bei Zahnfleischentzündungen hilft das Einreiben mit Rebaschwein.

18. August

Die Weltliebe ist wie eine nackte Gestalt. Sie umarmt mit Armen und Beinen einen Baum voller Blüten und sammelt diese Blüten für sich ein …

Tipp
der heiligen Hildegard

Warmes Dinkelmus wird als erste Speise am Tag empfohlen.

19. August

… Sie will die Schönheit der Welt für sich haben und festhalten, denn sie kennt kein anderes Leben und will auch nichts darüber hören …

Tipp
der heiligen Hildegard

Farnbäder sind hilfreich bei Gicht.

20. August

… Handle wie der
weiseste aller Lehrer,
der die Wasser fließen …

Tipp
der heiligen
Hildegard

Gekochte Königskerze mit
Fleisch oder Fisch stärkt
das Herz.

21. August

… und die Erde
fruchtbar werden ließ …

Tipp
der heiligen
Hildegard

Bei rauer Haut hilft
Gerstenwasser.

22. August

… Wirke durch deine Weisheit
wie die Sonne …

Tipp
der heiligen Hildegard

Knoblauch enthält Vitamine, Eiweiß und Alicin.

23. August

… wie der Mond durch
deine
Einfühlsamkeit …

Lindenblätter enthalten ätherische Öle und eignen sich zur Behandlung von unreiner und fettiger Haut.

24. August

… wie der Wind
durch deine Energie …

Tipp
der heiligen Hildegard

Ein Lindenblütendampf-
bad ist eine Wohltat
für die Haut.

25. August

… wie die laue Luft
durch deine Milde …

Tipp
der heiligen Hildegard

Meisterwurz mit Wein hilft
bei Fieber.

26. August

… Beginne dies Werk
im ersten Morgenlicht
und vollende es im Sternenschein.

Tipp
der heiligen Hildegard

Muskatnuss ist ein
Universalnervenmittel.

27. August

Denn wie der Gesichtssinn
durch seine Lage erhabener ist
als die übrigen,
so nimmt er auch die entfernteren
Dinge mehr war als die anderen.

Tipp
der heiligen
Hildegard

Zur Vorbeugung von
Darmkrankheiten hilft
Quendel.

28. August

Die Seele durchdringt mit ihrer Grünkraft die weichen Gewebe des Körpers ebenso wie die starken Knochen und Gefäße …

Tipp
der heiligen Hildegard

Meerrettich enthält Vitamin C und Spurenelemente.

29. August

… Sie verteilt auch den Saft und die Speisen auf rechte Weise im Organismus und scheidet das Überflüssige aus; so reinigt sich auch der Wein von der Hefe.

Tipp
der heiligen Hildegard

Die Früchte der Eberesche können als Schädlingsbekämpfungsmittel im Garten genutzt werden.

30. August

Im Menschen sind Feuer,
Luft, Wasser und Erde,
und aus ihnen besteht er …

Tipp der heiligen Hildegard

Haselnüsse werden von Hildegard nicht ausdrücklich empfohlen.

31. August

… vom Feuer hat er die Wärme,
von der Luft den Atem,
vom Wasser das Blut
und von der Erde den Körper.

Tipp
der heiligen
Hildegard

Gegen Reizhusten hilft ein Teeaufguss mit Huflattichblättern.

1. September

Der neunte Monat ist die Zeit der Reife und zeigt sich nicht mehr durch schreckliche Unwetter, …

Tipp der heiligen Hildegard

Der Kräuterschnitt wird für den Vormittag nach abgetrocknetem Tau empfohlen.

2. September

… allen überflüssigen Saft der Früchte, die zum Essen taugen, nimmt er weg. Denn er trägt alles sicher wie in einem Sack.

Tipp der heiligen Hildegard

Jeweils 5–10 Stängel der Kräuter werden zusammengebunden und getrocknet.

3. September

Die Seele aber, die durch viele Kämpfe, Mühen und Drangsale verwirrt wird, steigt in guten Werken mit Freude zu den himmlischen Wirklichkeiten empor …

Tipp
der heiligen Hildegard

Der Trocknungsvorgang der Kräuter ist abgeschlossen, wenn die Blätter beim Anfassen rascheln.

4. September

… Die Seele schreibt in demütiger
Haltung alles,
was sie Gutes getan hat, jenem zu,
der das höchste Gut ist
und von dem sie es erhält …

Tipp der heiligen Hildegard

Diptam wird gegen Blasensteine empfohlen.

5. September

… Dann bringt die Seele
dem Menschen mit großer Geduld
das Bewusstsein, dass Gott für das Heil
des Menschen die menschliche Gestalt
angenommen hat …

Tipp
der heiligen
Hildegard

Getrocknete Betonie ist
eine gute Füllung für
Schlafkissen.

6. September

… Die Geduld überwindet zusammen
mit der Demut den Stolz,
indem sie den Menschen ermahnt,
dass er die Hoffnung auf die Barmherzigkeit Gottes nicht verlieren solle …

Tipp der heiligen Hildegard

In der Küche eignet sich Gundelrebe als Beigabe zu Kräuterbutter und Suppen.

7. September

Gerade die Geduld ist auf dem rechten Wege, weil sie die himmlischen Wirklichkeiten nicht verlässt und auch die irdischen nicht verachtet …

Tipp
der heiligen Hildegard

Gebratene oder gekochte Quitte ist ein hilfreiches Mittel gegen Gicht.

8. September

… In allem überlässt sie sich weder
ausgelassener Fröhlichkeit
noch stürzt sie sich
in tiefe Traurigkeit …

Bei Nierensteinen hilft
zerstoßener Steinbrech-
samen in Wasser aufgelöst.

9. September

Der Mensch hortet durch die guten Taten all die guten und heiligen Dinge, über die die ganze himmlische Schar sich freut und dafür Gott lobt.

Tipp der heiligen Hildegard

Wermut hilft als Herbstkur gegen Nierenschwäche und Melancholie.

10. September

Sorge, dass deine Gewürze schmackhaft sind.

Tipp der heiligen Hildegard

Nach schwer verdaulichen Mahlzeiten wird der Genuss von Kümmelöl empfohlen.

11. September

Das Gehör ist der Anfang
der vernünftigen Seele.

Tipp
der heiligen
Hildegard

Bei Ohrverstopfung kann
man den Rauch des geräu-
cherten Weihrauchs in das
Ohr steigen lassen.

12. September

Pflege das Leben,
wo du es triffst.

Tipp
der heiligen
Hildegard

Heckenrosenelixier (Blätter und Früchte mit Honig und Wein vermischt) hilft als Kur gegen chronische Bronchitis.

13. September

Ich sehe diese Dinge nicht mit den äußeren Augen und höre sie nicht mit den äußeren Ohren …

Tipp der heiligen Hildegard

Zur Linderung von Hautausschlag hilft eine Maulbeerblätterkompresse.

14. September

… Ich sehe sie vielmehr einzig in meiner Seele mit offenen leiblichen Augen …

Tipp der heiligen Hildegard

Es wird immer ausreichend Schlaf empfohlen. Es sollte aber nicht sofort nach dem Essen geschlafen werden.

15. September

… so dass ich niemals
die Bewusstlosigkeit einer Ekstase
erleide …

Tipp der heiligen Hildegard

Bei allergischen Reaktionen auf Speisen sollte die Haut mit Schöllkrautsaft und Fett eingerieben werden.

16. September

… sondern wachsend schaue ich dies bei Tag und bei Nacht.

Knoblauch sollte vor allem roh gegessen werden.

17. September

Als nun das Wort Gottes erklang,
da erschien dieses Wort in jeder
Kreatur, und dieser Laut war
das Leben in jedem Geschöpf …

Tipp der heiligen Hildegard

Zur Vorbeugung von
Krankheiten hilft der Genuss
von Lattichmischpulver, das
man in kleinen Dosen
dem Tee beigibt.

18. September

… aus dem gleichen Wort heraus wirkt des Menschen Geist die Werke, aus dem gleichen Laut bringt die Vernunft ihre Werke tönend, rufend oder singend hervor.

Tipp der heiligen Hildegard

Bei Lungenschmerzen hilft ein Trunk aus Hagebutten und Honig.

19. September

Durch das herzliche, väterliche Erbarmen geschieht Erlösung.

Tipp der heiligen Hildegard

Vorbeugend gegen Fieber ist der Verzehr von Zitrusfrüchten.

20. September

Die Liebe und die Vorsehung Gottes stimmen ganz und gar überein.

Süßholz hilft gegen Erkältung und Depression.

21. September

Von jedem Gedanken,
der gedacht werden kann,
ist auch das Gegenteil wahr.

Tipp
der heiligen Hildegard

Bei Verbrennungen hilft gekochter Leinsamen in Wasser mit einem Tuch aufgelegt.

22. September

Der findet Gott an jedem Ort,
der ihn mit aufrichtigem Rufen sucht.

Buchsbaumsaft mit
Olivenöl hilft gegen Ekzeme.

23. September

Sei stark und gerüstet
auf jedem Gebiet
und pflege das Leben,
wo du es antriffst …

Tipp
der heiligen
Hildegard

Bei Erschöpfung wird
ein Gerstenkörnerbad
empfohlen.

24. September

… bekümmere dich um die Deinen
und halte dich selber aufrecht …

Tipp
der heiligen
Hildegard

Bei Magen-Darm-Infekten
und bei Knochenleiden ist
vor allem Dinkel hilfreich.

25. September

… auf dass dein Herz
erleuchtet werde in der Sonne …..

Tipp
der heiligen
Hildegard

Der Verzehr von Walnüssen wird bei Erschöpfung empfohlen.

26. September

… Gib die Sorge für die
dir Anvertrauten nicht auf.

Tipp
der heiligen
Hildegard

Ein Getränk aus Bachbunge, Fett und Öl wirkt verdauungsfördernd und abführend.

27. September

Von den guten Werken
wird die Seele wie von einem
Königsmantel umhüllt …

Tipp
der heiligen
Hildegard

Bei Stress wird der
Verzehr von Brombeeren
empfohlen.

28. September

Von den schlechten aber verdunkelt sie, wie auch die Erde von Wassern durchströmt wird.

Tipp
der heiligen Hildegard

Gegen Blähungen wirkt ein Brotaufstrich aus Rettich, Salz und Fenchelsamen.

29. September

Gepriesen seien die heiligen Engel,
Hüter der Völker, deren Gebilde
in eurem Antlitz sich spiegelt.

Tipp
der heiligen Hildegard

Das Auflegen eines Prasemsteines hilft gegen Schmerz nach Prellungen und bei äußerlichen Verletzungen.

30. September

Solange dir die Möglichkeit geboten ist,
arbeite.
Nimm den Pflug in die Hand
und bebaue das Land.

Tipp
der heiligen
Hildegard

Bei Völlegefühl hilft Minze
roh oder mit Fleisch
gekocht in Suppen.

1. Oktober

Der Oktober stellt die Reife des Alters dar …

Tipp
der heiligen Hildegard

Heilsam wirkt das Einatmen des Duftes der Lilie.

2. Oktober

… wo der Mensch sich besinnt
und zur Weisheit gelangen kann.

Gegen Magenverstimmung wird der Verzehr von Lorbeer empfohlen.

3. Oktober

Der Mensch sollte schauen den Aufgang der Sonne und den Niedergang der Gestirne, die Winde in den Lüften und die Erde mit ihren Wassern sowie die übrige Natur …

Tipp
der heiligen Hildegard

Blausamiger Mohn ist eine gute Einschlafhilfe.

4. Oktober

… auf dass er in all dem erkennen möge, zu welch großer Auszeichnung er geschaffen sei.

Tipp der heiligen Hildegard

Bei Unausgeglichenheit hilft ein Bad mit Odermennig, Ysop und Gundelrebe.

5. Oktober

Wer beim Erklettern eines Baumes zuerst nach dem höchsten Zweig greift, wird im plötzlichen Sturze fallen …

Tipp der heiligen Hildegard

Die Luft, die zwischen den Gebirgen weht, ist gesünder als jede andere.

6. Oktober

… wer aber bei der Wurzel
aufzusteigen beginnt,
der kommt nicht so leicht zu Fall.

Tipp
der heiligen
Hildegard

Der Verzehr von
Pfirsich wird nur geschält
empfohlen.

7. Oktober

O Mensch, schau dir den Menschen an. Er hat Himmel und Erde und die ganze übrige Kreatur in sich selber.

Tipp
der heiligen Hildegard

Zur Linderung von Halsschmerzen hilft das Gurgeln mit Salbei in Wasser.

8. Oktober

Als Gott Adam schuf, empfand Adam im Schlaf ein großes Gefühl der Liebe, als Gott ihn einschlafen ließ.

Tipp der heiligen Hildegard

Gekochtes Quittenkompott sollte mit wenig Zucker zu jeder Mahlzeit gegessen werden.

9. Oktober

Gepriesen bist du, Herr, gepriesen bist nur du allein, du senkest Licht in mein Herz mit deiner Weisung.

Tipp der heiligen Hildegard

Ein mäßiger Genuss von Datteln wird empfohlen.

10. Oktober

Durch deinen Heiligen Geist pflanzest du den Baum des Lebens in mich ein, wenn er im Herzen Wurzeln schlägt, wandelt er die Seele in einen Himmelsgarten um.

Bei Magenbeschwerden
sollte auf Roggenbrot
verzichtet werden.

11. Oktober

Ganz herrlich schmückt er sie mit auserlesenen Gewächsen, mit Blumen und mit Bäumen, aller Art von Früchten, bunt und mannigfaltig …

Tipp
der heiligen Hildegard

Ein ausgezeichnete Erfrischung ist gekochtes Melissenkraut in Wasser.

12. Oktober

… mit Lilien, die Wohlgerüche hauchen:
mit Frieden und mit Freude,
mit sanftem Mut und Demut,
mit Mitleid und Barmherzigkeit,
Wohlwollen und Hoffnung.

Tipp
der heiligen Hildegard

Der Verzehr von Knoblauchzehen fördert die Senkung des Blutdruckes.

13. Oktober

Der Mensch, der Gutes wirkt,
gleicht einem Obstgarten,
der voll ist von den Früchten
guter Werke.

Tipp
der heiligen Hildegard

Wohltuend wirken
10- bis 15-minütige Bäder
mit Kräuterzusätzen.

14. Oktober

Du wirst mir über die Erkenntnis des Guten und des Bösen, mit der du begreifst, dass du ein Mensch bist, Rechenschaft ablegen.

Tipp
der heiligen Hildegard

Zur Anregung der Darmfunktion empfiehlt Hildegard Dinkelkaffee.

15. Oktober

Vom Herzen aber
geht die Heilung aus,
wenn das Morgenrot
eines Neubeginns sichtbar wird …

Tipp
der heiligen Hildegard

Von täglichem Verzehr
von Fleisch wird abgeraten.

16. Oktober

… unsagbar ist, was dann aufbricht
an neuem Verlangen nach Gott
und an Eifer für sein Werk,
unsere Welt.

Tipp
der heiligen
Hildegard

Als allgemeines Stärkungsmittel wird Kampfer empfohlen.

17. Oktober

Die Hände vollenden ihre löblichen Verrichtungen kraftvoll und rechtschaffen einem Künstler gleich …

Tipp der heiligen Hildegard

Kohl sollte nur von gesunden Menschen verzehrt werden.

18. Oktober

… der aus seiner künstlerischen Begabung heraus alle Teile seines Hauses so aufrichtet, dass er in ihnen sein ganzes Wesen weise zum Ausdruck bringt.

Tipp der heiligen Hildegard

Regelmäßige Spaziergänge werden auch zur Pflege der Fußhaut empfohlen.

19. Oktober

Denn du, ewiger Gott,
bist die wahre Liebe.

Tipp
der heiligen
Hildegard

Gesunden und Kranken wird der regelmäßige Verzehr von Bohnensuppe empfohlen.

20. Oktober

Wer nicht will,
der nicht fühlt.

Tipp
der heiligen
Hildegard

Der reichliche Genuss von
Möhren wird empfohlen.

21. Oktober

Der Strom fließt nicht
zu den Menschen …

Tipp
der heiligen
Hildegard

Einmal in der Woche sollte Fisch gegessen werden.

22. Oktober

… Sondern die Menschen müssen zu Gott treten.

Bei Infektionen hilft das Einatmen von Olivenölduft.

23. Oktober

Gott hat die Welt aus den vier Elementen so zusammengefügt, dass keins von einem anderen getrennt werden kann …

Tipp
der heiligen Hildegard

Der Verzehr von Geflügelleber wird für Kranke und Gesunde empfohlen.

24. Oktober

Denn die Welt könnte nicht bestehen, wenn eins von dem anderen getrennt werden könnte.

Tipp
der heiligen Hildegard

Hafermüsli wirkt kräftigend für Leib und Seele.

25. Oktober

Gott hat den Menschen so geschaffen, dass er planend überlegen kann.

Tipp
der heiligen Hildegard

Bei Durchblutungsstörungen hilft das Auflegen eines Dachsfelles.

26. Oktober

Der Mensch hat ja Himmel und Erde und die ganze übrige Kreatur schon in sich selber und ist doch eine ganze Gestalt, und in ihm ist alles schon verborgen vorhanden.

Tipp der heiligen Hildegard

Ein frühes Abendessen und ein Spaziergang vor dem Schlafen wird empfohlen.

27. Oktober

O Kraft der Weisheit,
umkreisend die Bahn,
die eine des Lebens …

Tipp
der heiligen
Hildegard

Zimt, Nelken und
Muskatnuss machen den
Geist fröhlich.

28. Oktober

… ziehst um das All die Kreise,
alles umfangend …

Tipp
der heiligen Hildegard

Heilsam wirkt Brennnessel in abgekochter Milch eingelegt.

29. Oktober

… Drei Flügel hast du:
In die Höhe empor
schwingt der eine …

Tipp
der heiligen Hildegard

Saphir oder Rubin auf die
Stirn gelegt, hilft bei
Kopfschmerzen.

30. Oktober

... auf der Erde
müht sich der zweite ...

Obstessig im Badewasser
pflegt unreine Haut.

31. Oktober

… und allüberall
schwingt der dritte.

Tipp
der heiligen
Hildegard

Bei Herzschmerzen helfen
Galganttabletten.

1. November

Der Mensch, der in diesem Monat geboren ist, muss sich gegen die Kälte wehren, damit keine traurigen Gedanken das Herz belasten und somit die Freude in ihm verdrängen.

Tipp
der heiligen Hildegard

Ein Stock aus Kastanienholz ist aufgrund der von ihm ausgehenden Wärme für Wanderungen zu empfehlen.

2. November

Leidet aber ein Mensch
unter großer Trauer,
so soll er hinlänglich bekömmliche
Speise zu sich nehmen …

Tipp
der heiligen Hildegard

Der Verzehr von Schaffleisch gibt Kraft und ist hilfreich bei Antriebslosigkeit.

3. November

… damit er durch die Nahrung
wiederbelebt wird,
weil die Traurigkeit auf ihm lastet.

Tipp
der heiligen
Hildegard

Das Trinken von Kornblumentee hilft gegen Augenschwäche.

4. November

Der Mensch nähere sich Gott durch
das von ihm aufgestellte Gesetz,
und er wird ihn finden …

Tipp
der heiligen
Hildegard

Im Winter sollten keine
kalten Speisen gegessen
werden.

5. November

… Es wird ihm die Speise des Lebens
und das heilbringende Wasser gereicht,
so dass er ferner weder Hunger
noch Durst leidet.

Tipp
der heiligen Hildegard

Alle Wasser, die zum Trinken geeignet sind, können auch zum Baden verwendet werden.

6. November

Ich sprach mein kleines Werk,
das der Mensch ist,
in mich hinein …

Tipp
der heiligen Hildegard

Bei Stress und Schlafstörungen wird ein lauwarmer gelöschter Wein, schluckweise getrunken, empfohlen.

7. November

… Dieses formte ich nach meinem Bilde und zu meiner Ähnlichkeit, damit es sich verwirkliche.

Tipp der heiligen Hildegard

Von zu häufigem Rindfleischgenuss wird abgeraten.

8. November

Vom flammenden Lauf des höchsten Äthers, durch den das Firmament aufgewölbt wird, erklingt jauchzend und herrlich der Klang der Elemente …

Tipp
der heiligen
Hildegard

Vor dem Kochen des Rindfleisches sollte es eine Nacht in Wasser gelegt werden.

9. November

… so wie die wohltönende, symphonische Stimme des menschlichen Geistes in ihrer Lebendigkeit …

Tipp
der heiligen Hildegard

Insbesondere wird der Verzehr von Himbeeren empfohlen, vor allem bei Appetitlosigkeit.

10. November

… denn jedes Element hat, so wie es von Gott geordnet worden ist, seinen Ton.

Tipp
der heiligen Hildegard

Nur sparsam sollte Pfeffer zum Würzen verwendet werden.

11. November

In der Musik hat Gott dem Menschen die Erinnerung an das verlorene Paradies hinterlassen.

Tipp
der heiligen Hildegard

Als ganzheitliches Heilmittel gilt Sardonyx-Stein, der mit Speichel benetzt auf die Haut gelegt wird.

12. November

Die Seele spricht:
Ich bin berufen, die Kameradin der Engel zu sein, weil ich der lebendige Hauch bin, den Gott in den trockenen Lehm entsandte.

Tipp
der heiligen Hildegard

Reichlich sollte Basilikum in der Küche genutzt werden.

13. November

Sein Haupt nach aufwärts gerichtet,
die Füße auf festem Grund,
vermag der Mensch sowohl die
oberen, als auch die unteren Dinge
in Bewegung zu versetzen.

Tipp der heiligen Hildegard

Wegerichblätter in Schuhe gelegt, verhindern Blasenbildung bei langen Wanderungen.

14. November

Du besitzt nämlich das Wissen
um Gut und Böse
und die Fähigkeit zu Handeln …

Tipp
der heiligen Hildegard

Als Zusatz zum Müsli
wird vor allem Weizen als
„vollkommene Frucht“
empfohlen.

15. November

… deshalb kannst du dich
nicht entschuldigen,
als hättest du damit nicht alle Talente.

Tipp
der heiligen Hildegard

Der Diamant gilt als heilsamer Edelstein bei Übergewicht, er schützt vor übermäßigem Essen.

16. November

Der Mensch weiß wohl um das Gute,
auch wenn er es nicht tut.

Tipp der heiligen Hildegard

Der Verzehr von gekochter Roter Bete wird empfohlen.

17. November

Die Ewigkeit gleicht einem Rad,
das weder Anfang noch Ende hat.

Tipp
der heiligen
Hildegard

Zwiebeln sollten vor dem
Verzehr immer gekocht
werden.

18. November

Der Schöpfer des Alls, der die Erde zu
einer Werkstätte gemacht hat,
hat die Seele auf sich zu geschaffen.

Tipp
der heiligen
Hildegard

Für ein Wildgericht wird
vor allem der Verzehr von
Hirschfleisch empfohlen.

19. November

Ohne die Frau könnte der Mann nicht Mann heißen, ohne Mann könnte die Frau nicht Frau genannt werden.

Tipp der heiligen Hildegard

Als Beigabe zu Salben wird der Saft von Kiefernnadeln empfohlen.

20. November

Ein leichtes Leben hat noch niemandem gut getan.

Tipp
der heiligen Hildegard

Von allen Getreidearten wird vor allem die Hirse als Mineralstofflieferant empfohlen.

21. November

Denn der Seele Freude ist es,
im Leib wirksam zu sein.

Tipp
der heiligen
Hildegard

Bei Kopfschmerzen hilft
das Tragen eines Kupferarm-
bandes.

22. November

Zwei Augen hast du, o Gott,
mir gegeben …

Tipp der heiligen Hildegard

Bergkristall kann man bei Augenleiden auf die geschlossenen Augen legen.

23. November

Im Dunkeln ein herrliches Licht
zu schauen …

Tipp
der heiligen
Hildegard

Bei Erschöpfung werden
drei Tassen Angelikawurzel-
Tee, auf den Tag verteilt
getrunken, empfohlen.

24. November

Zu wählen den Weg,
den ich gehen soll …

Tipp
der heiligen
Hildegard

Für eine gesunde Ernährung wird der Verzehr von Birnen empfohlen, da sie den Körper entschlacken und entwässern.

25. November

Bin ich nun sehend oder auch blind,
ich weiß …

Bei Halsschmerzen wird
der Verzehr eines Löffels
Honig empfohlen.

26. November

Dass ich einen Führer brauche
zum Tag hin und auch zur Nacht.

Tipp
der heiligen
Hildegard

Ente sollte nie gekocht, sondern nur gebraten verzehrt werden.

27. November

Wenn ich mich im Finstern verberge,
kann ich auch Dunkles tun …

Tipp der heiligen Hildegard

Wildente sollte der Hausente vorgezogen werden, da sie sich am Wasser aufhält.

28. November

Im Licht aber werde ich gesehen,
und zieh' statt Belohnung mir
Strafe zu, wenn ich es tue …

Tipp
der heiligen Hildegard

Als Fischspeise wird
Hecht empfohlen. Vom
Verzehr von Aal wird eher
abgeraten.

29. November

Lebendiger Gott, ich rufe dich an,
führ' mich den Weg des Lichts
und heile meine bösen Wunden.

Tipp
der heiligen
Hildegard

Als Süßungsmittel wird
Honig empfohlen.

30. November

Das ist der Sinn der Geheimnisse Gottes, dass klar erschaut und erkannt werde, welches die Fülle sei, die ohne Ursprung ist, der nichts abgeht.

Tipp
der heiligen Hildegard

Der Verzehr von Barsch wird kranken wie auch gesunden Menschen empfohlen.

1. Dezember

Advent heißt:
Gott klopft bei uns an.

Tannensalbe hilft bei
Kopfschmerz.

2. Dezember

Weihnachten heißt:
Gott holt uns ab,
egal wo wir sind.

Tipp der heiligen Hildegard

Schlehdorn sammelt man am besten nach dem ersten Frost.

3. Dezember

Denn wenn der Herr
eigener Lebenskraft leer wäre,
was wäre dann sein Werk?
In Wahrheit, es wäre eitel.
Nun aber erkennt man im
vollkommenen Werke,
wer sein Erbauer ist.

Tipp
der heiligen
Hildegard

Schlehdorn in Verbindung
mit Honig lindert Magen-
beschwerden.

4. Dezember

Ich strecke meine Hände zu Gott aus,
dass er mich halte, so wie die Feder,
frei von aller Schwere,
vom Winde getragen fliegt.

Tipp
der heiligen Hildegard

Als Appetitanreger hilft ein Getränk aus Salbei, Kerbel und Knoblauch in Essig.

5. Dezember

Eure Lebensmittel sollen Heilmittel und eure Heilmittel sollen Lebensmittel sein.

Tipp der heiligen Hildegard

Gekochte und gebratene Äpfel sind für Gesunde und Kranke bekömmlich.

6. Dezember

Lehre uns den rechten Umgang
mit allem, was du uns anvertraust …

Tipp
der heiligen
Hildegard

Bei trockener Gesichtshaut hilft eine Bienenhonigmaske.

7. Dezember

… falle uns in den Arm,
wo wir deine guten Ordnungen
zerstören …

Tipp
der heiligen
Hildegard

Auf dem winterlichen Speisezettel sollten Pastinaken nicht fehlen.

8. Dezember

… und hilf uns, deine Schöpfung
zu achten und zu bewahren.

Tipp der heiligen Hildegard

Der Rauch von verbranntem Eibenholz hilft bei Atemleiden.

9. Dezember

Die Engel sind schön
in der Klarheit ihrer Vernünftigkeit,
in der sie die weisen Entscheidungen
Gottes ungetrübt erkennen.

Tipp
der heiligen
Hildegard

Bei Kopfschmerz wirkt das
Auflegen eines Rubinsteines
auf den Scheitel lindernd.

10. Dezember

Gott aber schuf die Sterne
zum Dienste der Menschen,
damit sie ihm leuchten und dienen …

Tipp
der heiligen Hildegard

Bei Konzentrationsstörungen sollte man einen Saphir mehrmals am Tage über die Zunge streichen.

11. Dezember

… und deshalb lassen sie auch seine Werke erkennen, so wie der Knecht den Willen und das Werk seines Herrn kundtut.

Tipp der heiligen Hildegard

Beifuß hilft bei allen Magenbeschwerden.

12. Dezember

Wisse die Wege,
erkenne deinen eigenen Weg
durch die Welt, hin zu Gott.

Tipp der heiligen Hildegard

Als Hilfe gegen Asthma
gilt in Wein gekochtes
Lungenkraut.

13. Dezember

Erhebe dich schnell und
wandle gerade Wege,
bevor die Sonne für dich untergeht
und deine Tage ein Ende nehmen.

Tipp
der heiligen Hildegard

Probieren Sie für
die Adventsbäckerei
Dinkelkekse aus.

14. Dezember

Ein Zelt für den Willen
ist im Herzen des Menschen
das Gemüt …

Tipp
der heiligen Hildegard

Enzianpulver lindert
Herzbeschwerden.

15. Dezember

… Die Erkenntnis, der Wille und
alle Seelenkräfte entsenden,
je nach Stärke,
ihren Hauch in dieses Zelt …

Tipp der heiligen Hildegard

Ausgekochtes Eisenkraut, körperwarm in einem Leinensack auf eine Wunde gelegt, hilft bei Gürtelrose.

16. Dezember

… Sie alle werden in ihm erwärmt
und verschmelzen miteinander.

Tipp
der heiligen
Hildegard

Bei Alpträumern wirkt
Betonienkraut, unter das
Kopfkissen gelegt.

17. Dezember

Noch bevor Gott das Weltall schuf,
hatte er den Menschen im Blick,
da er wusste, dass sein Wort
Mensch werden sollte.

Tipp
der heiligen Hildegard

Bei Fieber hilft das Trinken von Wasser, in das vorher reines Kupfer gelegt wurde.

18. Dezember

Die Engel loben Gott
wegen der Wundertaten,
die Gott im Menschen wirkt.

Andornkraut in Wasser
gekocht ist hilfreich bei
Halsentzündungen.

19. Dezember

Barmherzigkeit erfordert Beten:
dieses Gebet liebt Gott sehr.

Tipp
der heiligen Hildegard

Bei Erkältungskopfschmerzen hilft Malven-, Salbei-, Olivenöl als Massagemittel.

20. Dezember

Hat der Mensch Heiterkeit und Frohsinn seines Gemüts wiedererlangt, dann kehrt auch der Körper in seinen früheren Zustand zurück.

Sanikelelexier lindert Magen- und Darmprobleme.

21. Dezember

Der Himmel enthält Licht,
das Licht Luft, die Luft Vögel;
und die Erde nährt das Grün,
das Grün die Frucht,
die Frucht die Lebewesen.

Mispeln werden wegen
ihres hohen Vitamin
C-Gehaltes empfohlen.

22. Dezember

Die Vögel, die sich in der Luft aufhalten,
sind ein Sinnbild der Kraft
des Menschen.

Tipp
der heiligen
Hildegard

Bei Schluckauf wird das Trinken von warmem Zuckerwasser empfohlen.

23. Dezember

Die Tiere aber, die auf der Erde leben, versinnbildlichen die Gedanken und Überlegungen des Menschen, die er in die Tat umsetzt.

Sanikelkraut gilt als vielseitiges Allheilmittel.

24. Dezember

Von nun an steht uns wieder unsere Heimat offen.
In der Menschwerdung hat Gott sein tiefstes Geheimnis offenkundig gemacht …

Tipp der heiligen Hildegard

Nach dem Festessen wird Muskatellersalbeiwein empfohlen.

25. Dezember

… Gott ward Mensch und machte den Menschen zu seinem Tempel. Gottes Sohn wurde Mensch, damit der Mensch Heimat habe in Gott.

Tipp der heiligen Hildegard

Der Gänsebraten wird nur für gesunde Menschen empfohlen.

26. Dezember

Der Sohn Gottes,
der aus dem Herzen des Vaters
hervorgegangen ist,
kam in die Welt.

Tipp der heiligen Hildegard

Vom Genuss des Gänsefettes wird abgeraten.

27. Dezember

… deshalb erscheinen auch sie im
Herzen des gütigen Vaters,
auf dass kein Engel noch irgendwelche
Kreatur den Menschen verachte …

Tipp der heiligen Hildegard

Zu gebratenem Rehrücken schmecken Dinkel-Schupfnudeln.

28. Dezember

… denn der Sohn des Höchsten nahm in der Fleischwerdung die Natur des Menschen in sich selber auf.

Tipp
der heiligen Hildegard

Mispeln wirken blutreinigend.

29. Dezember

Alles, was in der Ordnung
Gottes steht,
antwortet einander: …

Tipp
der heiligen Hildegard

Bei geistiger Erschöpfung hilft, Kubebenpfeffer den Speisen beizugeben.

30. Dezember

… Die Sterne funkeln
vom Licht des Mondes,
und der Mond leuchtet
vom Feuer der Sonne …

Tipp der heiligen Hildegard

Das Tragen eines
Chalecedon-Armbandes
wirkt beruhigend.

31. Dezember

… Jedes Ding dient einem Höheren
und nichts überschreitet das Maß.

Tipp der heiligen Hildegard

Bei Fiebererkrankungen hilft Basilikum in Wein gekocht mit Honig.

Fotonachweis

© viridana/Fotolia,
© qwerty/Fotolia,
© nuvola/Fotolia,
© borissos/Fotolia,
© Liliia Rudchenko/Fotolia,
© Vera Kuttelvaserova/Fotolia,
© mihi/Fotolia,
© ETIEN/Fotolia,
© haru/Fotolia,
© unclesam/Fotolia,
© 100ker/Fotolia,
© Olivier Le Moal/Fotolia,
© felinda/Fotolia,
© Mexrix/Fotolia,
© Ray/Fotolia,
© Dumitru/Fotolia,
© Sylvia Eberhardt/Fotolia.